Deloitte. トーマツ.
デロイト トーマツ

IFRS財務諸表の表示・開示実務

有限責任監査法人トーマツ［著］

中央経済社

刊行にあたって

　2024年4月，IASBよりIFRS第18号「財務諸表における表示及び開示」が公表された。このIFRS会計基準は，IASBの基本財務諸表プロジェクトの集大成であり，それまでの表示および開示の会計基準であるIAS第1号「財務諸表の表示」を置き換えるものである。IFRS第18号により，純損益計算書（P/L）を中心に財務諸表の表示および開示が変更される。その影響度は企業により様々であるが，すべての企業が何らかの影響を受けることになると考えられる。

　本書執筆の直接のきっかけはこのIFRS第18号の公表であり，IFRS第18号により従来の実務が変更になる部分は，特にページ数を割いて詳細に解説している。一方で，本書はIFRS第18号による変更に限定せず，IAS第1号からIFRS第18号あるいは他のIFRS会計基準に引き継がれた要求事項，およびIAS第7号「キャッシュ・フロー計算書」に従前より含まれている要求事項も含め，IFRS会計基準を適用して作成される財務諸表の全般的な表示および開示にかかる要求事項を網羅的に解説している。このため，IAS第1号およびIAS第7号を中心とする現行のIFRS会計基準の知識を前提とせず，広く財務諸表の表示および開示に関連する知識を獲得あるいは確認したいと考える読者諸氏にも有用であると考えている。

　本書の刊行にあたっては，中央経済社の坂部秀治氏に多大なるご尽力をいただいた。ロンドンのIASBでテクニカル・フェローとして基本財務諸表プロジェクトに直接携わった筆者にとって，いわば我が子のようなIFRS第18号の書籍を執筆する機会をいただいたことは望外の喜びであり，この場を借りて，同氏にはあらためて厚く感謝の意を申し上げたい。

2024年12月

　　　　　　　　　　　　　　　　　　　　代表執筆者　藤原　由紀

CONTENTS

第1章 IFRS第18号の開発の経緯および主要な改訂ポイント　1

- （1）はじめに　2
- （2）IFRS第18号の開発の経緯　2
- （3）主要な改訂ポイント　5
  - ① P/Lの構造化―3つの区分と小計の導入　6
  - ② MPMの定義と開示要求の導入　11
  - ③ 情報のグルーピングの改善　12
  - ④ C/Sに関する修正　14
- （4）IFRS第18号の発効日および経過措置　15
- （5）まとめ　17

第2章 基礎となる概念および一般的要求事項　19

- （1）財務諸表の目的　20
- （2）IFRS第18号の範囲　21
  - ① 一般原則　21
  - ② 期中財務報告　21
  - ③ 状況に適した用語の適用　22
- （3）完全な1組の財務諸表　22
- （4）重要性　24
  - ①「重要性がある」の定義　24

② 重要性がある情報の開示　25
（5）基本財務諸表および注記の役割　28
　　　① 基本財務諸表の役割　28
　　　② 注記の役割　32
　　　③ 情報を基本財務諸表または注記のどちらに含めるかの決定　33
（6）集約および分解　33
　　　① 一般原則　34
　　　② 項目の名称　36
（7）表示，開示および分類の継続性ならびに比較情報　38
　　　① 表示，開示および分類の継続性　38
　　　② 比較情報　39
　　　③ 追加的な比較情報　39
　　　④ 比較情報の組替え　40
（8）表示および開示に関するその他の一般的要求事項　40
　　　① 財務諸表の特定　40
　　　② 報告の頻度　41
　　　③ 相　殺　41
（9）注記の構成　42
　　　① 注記の一般的要求事項　42
　　　② 体系的な方法での表示　43
（10）まとめ　44

第3章 純損益計算書（P/L） 47

(1) P/Lの基本的な構造 48
  ① 収益および費用の定義 48
  ② P/Lの区分および小計 49
(2) 主要な事業活動 51
  ① 特定の主要な事業活動 51
  ② 主要な事業活動の決定にあたっての留意事項 51
(3) 特定の主要な事業活動を行っていない企業のP/L 54
  ① 営業区分 55
  ② 投資区分 57
    a．関連する資産の識別 57
    b．投資区分に含まれる収益および費用 58
  ③ 財務区分 60
    a．関連する負債の識別 60
    b．資金の調達のみを伴う取引から生じる負債 60
    c．資金の調達のみを伴うものではない取引から生じる負債 61
    d．財務区分に含まれる収益および費用のまとめ 63
    e．負債である主契約を含んでいる混合契約から生じた収益および費用 64
  ④ 法人所得税区分 66
  ⑤ 非継続事業区分 66
  ⑥ 認識の中止および分類の変更 66
    a．認識の中止 66
    b．認識の中止を伴わない分類の変更 67
    c．資産グループの認識の中止および分類の変更 67
  ⑦ 為替差損益 68
  ⑧ デリバティブ損益 70

（4）主要な事業活動として資産に投資している企業のP/L　72
　　① 問題の所在　72
　　② 関連会社，共同支配企業および非連結子会社への投資　72
　　③ 現金および現金同等物への投資　73
　　④ 個別にかつ企業の他の資源からおおむね独立してリターンを生み出すその他の資産　75
　　⑤ P/Lの表示例　76
（5）主要な事業活動として顧客にファイナンスを提供している企業のP/L　78
　　① 問題の所在　78
　　② 現金および現金同等物から生じる収益および費用に関する補足説明　78
　　③ 資金の調達のみを伴う取引から生じる負債　79
　　　a．2種類の負債の区別　79
　　　b．会計方針の選択における留意点　80
　　　c．資金の調達のみを伴う取引から生じる負債から生じる収益および費用のまとめ　82
　　④ 資金の調達のみを伴うものではないその他の負債　83
　　⑤ P/Lの表示例　83
（6）日本基準に基づくP/L表示との比較　86
　　① 日本基準に基づくP/LとIFRS第18号のP/L　86
　　② 特定の主要な事業活動を行っていない企業　87
　　③ 主要な事業活動として金融資産に投資を行っている企業　90
　　④ 主要な事業活動として非金融資産に投資を行っている企業　92
　　⑤ 主要な事業活動として顧客にファイナンスを提供している企業　93
　　⑥ パターンごとの小計の金額の比較　95

（7） P/Lで独立表示すべき科目　97
（8） 営業費用の表示および開示　100
　① 費用性質法と費用機能法　100
　② P/Lで機能別費用を1つ以上表示する場合　103
　③ 性質別費用の金額　106
（9） まとめ　106

第3章【付録】 具体的な業種におけるP/Lの表示例　108

【実務例A】保険会社　108
　① 特定の主要な事業活動の評価　108
　② IFRS第17号の表示および開示に関する要求事項　108
　③ P/Lの表示例　109
　④ MPMに関する考察　112

【実務例B】銀　行　113
　① 特定の主要な事業活動の評価　113
　② P/Lの表示例　113
　③ MPMに関する考察　115

【実務例C】顧客にファイナンスを提供している製造業者　116
　① 特定の主要な事業活動の評価　116
　② P/Lの表示例　116
　③ MPMに関する考察　118

【実務例D】投資不動産会社　119
　① 特定の主要な事業活動の評価　119
　② P/Lの表示例　119
　③ MPMに関する考察　121

第4章　包括利益計算書（C/I）　123

（1）C/Iの基本的な構造　124
（2）その他の包括利益（OCI）　130
　① P/LとOCIの関係　130
　② 組替調整　131
　③ OCIに含める項目　132
　④ OCI項目の表示　134
（3）まとめ　140

第5章　財政状態計算書（B/S）　143

（1）資　産　144
　① 資産の流動または非流動への分類　144
　② 流動資産の分類要件の検討　145
　③ 非流動に分類される資産　146
（2）負　債　146
　① 負債の流動または非流動への分類　146
　② 流動負債の分類要件の検討　147
　③ 負債の決済を少なくとも12か月にわたり延期する権利　147
（3）B/Sに表示または注記に開示すべき情報　149
　① B/Sに表示すべき科目　149
　② B/Sの構造および情報の提供個所　151
　③ B/Sの表示例　152
　④ 12か月より後に回収または決済が見込まれる金額の開示　155

（4）株式資本および剰余金　156
　　① 自己資本の注記　156
　　② 株式資本の表示・開示　157
　　③ 企業自身および企業の子会社または関連会社が保有している企業の株式の開示　159
　　④ 剰余金についての表示および開示　159
（5）まとめ　160

第6章　持分変動計算書（S/S）　161

（1）S/Sの基本的な構造　162
（2）配　当　165
（3）資本拠出およびみなし分配　167
（4）まとめ　168

第7章　キャッシュ・フロー計算書（C/S）　169

（1）C/Sの概要　170
（2）現金および現金同等物　170
　　① 現　金　170
　　② 現金同等物　171
（3）C/Sの構成　173
　　① 営業活動　175
　　② 投資活動　176
　　③ 財務活動　178

④　営業活動によるキャッシュ・フローの報告（直接法・間接法）　178
　　　⑤　特定の主要な事業活動を行っていない企業の営業活動によるキャッシュ・フローの例示　180
　　　⑥　主要な事業活動として顧客にファイナンスを提供している企業の営業活動によるキャッシュ・フローの例示　181
　　　⑦　投資活動および財務活動によるキャッシュ・フローの報告　182
　　　⑧　純額でキャッシュ・フローを報告できる場合　183
　　　⑨　外貨建のキャッシュ・フロー　183
　　　⑩　利息および配当金　184
　　　⑪　法人所得税　186
　　　⑫　子会社・関連会社および共同支配企業に対する投資　186
　　　⑬　子会社およびその他の事業に対する所有持分の変動　187
　　　⑭　非資金取引　188
　（4）C/Sに関連する注記　189
　　　①　非資金取引　189
　　　②　財務活動から生じた負債の変動　189
　　　③　期中の子会社またはその他の事業に対する支配の獲得に関する開示　192
　　　④　サプライヤー・ファイナンス契約に関する情報の開示　193
　　　⑤　現金および現金同等物の内訳　195
　　　⑥　企業グループが利用できない残高　195
　　　⑦　その他奨励される追加的開示　196
　（5）まとめ　197

第8章　経営者が定義した業績指標（MPM）　199

- （1）MPM導入の背景　200
- （2）MPMの定義　202
  - ① 「収益および費用の小計」の意味　203
  - ② 財務諸表の外での一般とのコミュニケーションの範囲　204
  - ③ 企業全体の財務業績の一側面についての経営者の見方を伝える　206
  - ④ IFRS第18号118項に列挙されておらず，IFRS会計基準によって表示または開示が具体的に要求されていない指標　210
- （3）MPMの開示　211
  - ① MPMの開示要求　211
  - ② セグメント注記との関係　214
  - ③ 調整表の内容　215
  - ④ 調整表に開示した各項目についての法人所得税の影響　216
  - ⑤ MPMを変更，追加または使用を中止する場合　217
  - ⑥ 調整表の開示例　217
- （4）MPMの識別フローチャート　223
- （5）一般的に使用されている指標の分析　226
  - ① EBITDA　226
  - ② コア事業利益または一過性損益調整後営業利益　228
  - ③ 為替一定ベースの利益指標　230
  - ④ 日本基準の営業利益（連結ベース）　231
  - ⑤ 日本基準の営業利益（単体ベース）　233
- （6）まとめ　235

第9章 IFRS第18号の他のIFRS会計基準への影響　237

- (1) IAS第8号「財務諸表の作成基礎」　238
  - ① IAS第8号の表題の修正　239
  - ② 移管された主要な内容1：適正な表示およびIFRS会計基準への準拠　239
  - ③ 移管された主要な内容2：継続企業　242
  - ④ 移管された主要な内容3：発生主義会計　245
  - ⑤ 移管された主要な内容4：会計方針の開示　245
    - a．重要性があるかどうかの判断　246
    - b．重要性がない場合の取扱い　247
    - c．経営者の判断　247
    - d．他のIFRS会計基準の要求事項　248
  - ⑥ 移管された主要な内容5：見積りの不確実性の発生要因　248
    - a．将来に関して行う仮定　249
    - b．不確実性の程度　249
    - c．開示が不要な場合　249
    - d．情報提供の方法　250
    - e．実務上不可能な場合の取扱い　250
    - f．他のIFRS会計基準の要求事項　250
- (2) IAS第33号「1株当たり利益」　252
- (3) IAS第34号「期中財務報告」　254
  - ① 集約および分解の原則，相殺　254
  - ② MPM　254
  - ③ 適用初年度の留意事項　255
    - a．IFRS第18号で要求されている見出しおよび小計の表示　255
    - b．P/Lに表示した各科目にかかる調整表の開示　256

（4）その他のIFRS会計基準への影響　258
（5）まとめ　258

第 1 章
IFRS第18号の開発の経緯およひ主要な改訂ポイント

　本章では，IAS第1号「財務諸表の表示」を置き換えるIFRS第18号「財務諸表における表示及び開示」の開発の経緯と，その主要な改訂ポイントを概観する。IFRS第18号の主要な改訂ポイントとしては，大きく①純損益計算書（P/L）の構造化，②経営者が定義した業績指標（MPM）の定義と開示要求の導入，③情報のグルーピングの改善の3つが挙げられるが，ここでは④キャッシュ・フロー計算書（C/S）に関する修正に関しても取り上げている。あわせて，IFRS第18号の発効日および経過措置についても触れる。

(1) はじめに

　本書は，IFRS会計基準における全般的な表示および開示の要求事項を，網羅的に，かつできるだけわかりやすく解説することを目指している。全般的な表示および開示の要求事項とは，主としてIFRS第18号「財務諸表における表示及び開示」およびIAS第7号「キャッシュ・フロー計算書」に規定されている要求事項を指す。紙幅の都合上，個別の取引に関連する表示または開示（例えばIAS第16号「有形固定資産」に規定されている，有形固定資産項目に関連する注記開示）については対象としていないため，留意されたい。

　具体的な表示および開示の要求事項の内容については，第2章以降で解説するが，その前に本章で3つの点につき概観しておく。

　1点目は，2024年4月に公表されたIFRS第18号の開発の経緯である。この開発の経緯を簡単に見ておくことで，IFRS第18号の具体的な要求事項の背景にあるものを多少なりとも理解しやすくなると期待できる。

　2点目はIFRS第18号の主要な改訂ポイントである。本書を手に取られる読者には，IFRS第18号がそれまでの表示および開示の基準であるIAS第1号「財務諸表の表示」にどのような変更を加えたのかに興味がある方も多いと考え，この点に関する要約を提供するものである。

　3点目はIFRS第18号の発効日および経過措置である。

　なお，本書では2024年6月末までに公表されているIFRS会計基準を対象としている。

(2) IFRS第18号の開発の経緯

　それでは，さっそくIFRS第18号の開発の経緯を概観してみよう。

　IASBのIFRS会計基準の開発においては，開発開始段階ではそれが第何号の会計基準になるのか，あるいはならないのかが不明であるため，通常プロジェクトに開発内容を示す名称がつけられる。IFRS第18号の開発プロジェクトは，「基本財務諸表プロジェクト」（Primary Financial Statements Project：PFS）

と呼ばれていた。単に「財務諸表」といった場合，純損益計算書（P/L）や財政状態計算書（B/S）などのいわゆる本表と，それ以外の注記の双方を含むが，このうち本表部分を「基本財務諸表」と定義している。すなわち，本プロジェクトはもともと基本財務諸表の改善が主に想定されていたことがプロジェクト名から見て取れる。

IASBのIFRS会計基準開発プロセスのうち，本プロジェクトに関連する部分を**図表1－1**に示した。太線矢印で示されているのが本プロジェクトのたどった経緯である。

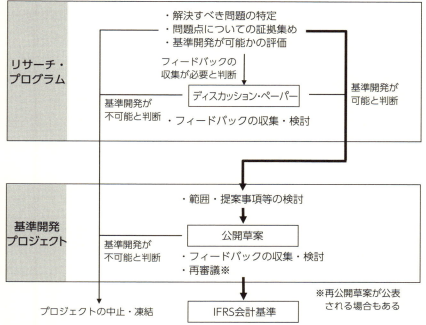

図表1－1　IASBのIFRS会計基準開発プロセス

(IFRS財団のホームページを参考に筆者作成)

個々のIFRS会計基準の新規開発につながるような大型プロジェクトは，まずリサーチ・プログラムに追加される。この段階ではIASBは解決すべき問題

の特定，問題点についての証拠集めを行い，問題点の現実的な解決策としてのIFRS会計基準開発が可能かを評価する。基本的にIASBの審議はすべて公開のIASBボード会議で行われており，この評価もIASBボード会議で審議される。

IASBボード会議の審議を経て，IASBは通常，IFRS会計基準を開発する場合の予備的見解を記載したディスカッション・ペーパーを公表し，利害関係者から意見を聴取する。利害関係者のフィードバックを踏まえ，IFRS会計基準の開発が可能と判断した場合には，当該プロジェクトを基準開発プロジェクトに格上げする。場合によっては，IFRS会計基準の開発が可能であるとの十分な証拠が集まったと判断し，ディスカッション・ペーパーを公表せずに当該プロジェクトを基準開発プロジェクトに格上げする場合もある。

基準開発プロジェクトに格上げされたプロジェクトについては，具体的なIFRS会計基準の要求事項などがIASBボード会議で審議され，公開草案が作成・公表される。公開草案に対して寄せられた意見をもとに審議を継続し，再公開草案の要否なども含めてすべての検討が終わったのち，ようやく最終基準が公表されることとなる。

このようにIASBのIFRS会計基準開発プロセスは，多くの利害関係者の意見を聞きながら非常に透明性高く進められるものである。これは，IFRS会計基準を各国あるいは各企業に強制する力を一切持たないIASB（IFRS財団）が，世界中で使用される高品質の会計基準を開発するために必須のプロセスである。ただしその代償として，1つのIFRS会計基準の開発期間が長期にわたるというデメリットもある。

IFRS第18号を開発する基本財務諸表プロジェクトの開始は，2014年に「業績報告プロジェクト」がIASBのリサーチ・プログラムに追加された時点にさかのぼる。本プロジェクトの場合はディスカッション・ペーパーを公表せずに基準開発プロジェクトに格上げされたため，その分時間が短縮されたものの，公開草案が公表されたのが2019年12月である。その後の再審議を経てIFRS第18号が最終的に公表されたのが2024年4月なので，プロジェクト開始から実に10年を経て，ようやく最終基準が日の目を見たということになる。

ちなみにIASBの他の大型基準でいうと，開始時点の考え方は複数ありうるものの，プロジェクト開始から最終基準公表までの期間は，IFRS第15号「顧

客との契約による収益」が約12年，IFRS第16号「リース」が約10年，IFRS第17号「保険契約」に至っては約18年と長期にわたっている。IASBボードメンバーの任期が最長10年のため，実質的に1つのIFRS会計基準の検討開始から公表まで関わることができるボードメンバーはほぼいないということになる。こうやって比較してみるとIFRS第18号の開発が特に長期にわたったというわけではないが，多くの読者にとっては自社のビジネスや環境の変化の速度と比べるとずいぶん悠長な話と感じられるかもしれない。

さて，上述のように，IASBはリサーチ・プログラムに追加したプロジェクトについて解決すべき問題の特定，問題点についての証拠集めを行い，問題点の現実的な解決策としてのIFRS会計基準開発が可能かを評価する。それでは，基本財務諸表プロジェクトで識別された「解決すべき問題点」とは何だったのであろうか。これはIFRS第18号による既存の基準の改訂項目に直接的にかかわるポイントであるため，節を改めて紹介することとしたい。

(3) 主要な改訂ポイント

前節で触れた，基本財務諸表プロジェクトで識別された「解決すべき問題点」とは，以下のようなものであった。これらは，利害関係者の中でも特に投資家，すなわち財務諸表利用者から多く寄せられた意見であった。

a．P/Lに明確な構造がなく，他社との業績比較や分析が困難である。
b．各社が使用している業績指標が様々であり，有用である一方，指標の計算方法や選定理由が明確でない場合がある。
c．基本財務諸表や注記における情報のグルーピングのレベル（粒度）が適切でない場合がある。

IASBは基本財務諸表プロジェクトを通じてこれらの問題点に対応することを決定した。これらの項目を見ると，「基本財務諸表プロジェクト」と銘打っているものの，その主たる対象はP/Lおよび関連する注記であったことがわかる。以下ではこれらの問題点に対応する形で開発されたIFRS第18号の主要な改訂点を見ていくこととしたい。なお，それぞれの改訂の具体的な内容については第3章以降で詳細に解説しているため，そちらを参照されたい。

① P/Lの構造化―3つの区分と小計の導入

IFRS第18号は，P/Lに3つの区分，すなわち営業区分，投資区分，財務区分を導入した。より正確には，IFRS第18号は，P/Lに含まれる収益および費用を，以下の5つの区分のいずれかに区分することを求めている（IFRS第18号47項）。

a．営業区分
b．投資区分
c．財務区分
d．法人所得税区分
e．非継続事業区分

この5つの区分のうち，d．法人所得税区分およびe．非継続事業区分については，それぞれIAS第12号「法人所得税」により認識する税金費用および税金収益，ならびにIFRS第5号「売却目的で保有する非流動資産及び非継続事業」により認識する非継続事業から生じる収益および費用を含むこととされている。これはIFRS第18号適用前の要求事項に何ら変更を加えるものではなく，単に区分の名称を付したものであるため，実質的にIFRS第18号による改訂部分には当たらない。

この5つの区分を適用した結果，IFRS第18号を適用したP/Lは**図表1－2**のような構造となる。

図表1－2の右側に区分が示されている。この区分名自体はP/Lに表示する必要はないが，本書では理解を容易にするためこのような記載としている。さらに，各区分の後に，それぞれに対応する小計が表示される。**図表1－2**で太字で表示されているのが小計であり，このうち網掛けされているのが必須の小計である。営業区分の後に営業利益，投資区分の後に財務および法人所得税前純利益，財務区分の後に法人所得税前純利益，法人所得税区分の後に継続事業からの純利益，そして非継続事業区分の後（すなわちP/Lの末尾）に純利益が表示されている。なお，小計名については必ずしも上記のとおりである必要はない。

図表1－2のタイトルには「特定の主要な事業活動を行っていない企業の」P/Lと付した。ここで，特定の主要な事業活動を行っていない企業とは，以下

図表1-2 特定の主要な事業活動を行っていない企業のP/Lの構造

営業収益	営業区分
営業費用	
営業利益	
投資収益	投資区分
投資費用	
財務および法人所得税前純利益	
財務収益	財務区分
財務費用	
法人所得税前純利益	
法人所得税費用	法人所得税区分
継続事業からの純利益	
非継続事業からの損益	非継続事業区分
純利益	

の特定の事業活動のいずれも行っていない企業を指す（IFRS第18号49項）。
　a．特定の種類の資産への投資（以下「資産への投資」）
　b．顧客へのファイナンスの提供

図表1-2でまず特定の主要な事業活動を行っていない企業のP/Lの構造を示したのは，これがIFRS第18号を適用したP/Lの基本的な構造となるからである。一方，主要な事業活動として上記の特定の事業活動のいずれか，あるいは双方を行っている企業は，特定の項目につき**図表1-2**で示されているのとは別の区分に表示することが求められる。

　主要な事業活動として特定の事業活動を行っているかどうかは，経営者の主張の問題ではなく事実の問題である（IFRS第18号B33項）。一方で，その事実の評価にあたっては判断を適用することが求められるため，IFRS第18号は当該判断の参考になるようなガイダンスを提供している。なお，主要な事業活動は報告企業ベース，すなわち連結ベースで評価され，企業の行う主要な事業活

動は複数存在しうる（IFRS第18号B30項，B37項）。以下では主要な事業活動として資産に投資を行っている企業，あるいは顧客にファイナンスを提供している企業が，特定の項目をどの区分に表示するかについて触れているが，主要な事業活動として資産に投資を行い，かつ顧客にファイナンスを提供している企業は，双方の要求事項に従うことになる点に注意が必要である。

　それでは，新たに導入された3区分にはどのような項目が含まれるかを確認したい。IFRS第18号はこれらの区分に含まれる項目を明確化している。以下で解説するように，これらのP/Lの3区分は名称こそIAS第7号に規定するキャッシュ・フローの3区分と類似しているものの，その定義はIAS第7号と同じではない。このため，例えばP/Lで営業区分に分類される項目がキャッシュ・フロー計算書（C/S）で営業活動によるキャッシュ・フローに分類されるとは限らないし，逆もまたしかりである。

　ではまず営業区分に含まれる項目を確認しよう。営業区分には，他の区分，すなわち投資，財務，法人所得税および非継続事業区分に分類されないすべての項目が含まれる（IFRS第18号52項）。すなわち，営業区分（およびその小計である営業利益）は積極的に定義されてはおらず，あくまでも残余としてのデフォルトの区分（および小計）と位置付けられている。企業の主要な事業活動からの収益および費用は営業区分に含まれるが，営業区分に含まれる収益および費用はこれに限られない。この規定の背景には，投資，財務，法人所得税および非継続事業にかかわるもの以外のすべての収益および費用は，企業の営業から生じているものだというIASBの考え方がある（IFRS第18号BC89項）。

　続いて投資区分に含まれる項目を確認する。特定の主要な事業活動を行っていない企業は，以下の項目から生じる収益および費用を投資区分に分類しなければならない（IFRS第18号53項）。

　a．関連会社，共同支配企業および非連結子会社への投資
　b．現金および現金同等物
　c．個別にかつ企業の他の資源からおおむね独立してリターンを生み出すその他の資産

投資区分に分類される収益および費用には次のものが含まれる。

a．資産が生み出した収益
b．資産の認識の中止を含む,資産の当初および事後測定から生じる収益および費用
c．資産の取得および処分に直接起因する増分費用(例えば取引コストおよび資産の売却コスト)

　企業が主要な事業活動として資産に投資を行っている場合,**図表1-3**に記載のとおり,上述の収益および費用の一部が投資区分ではなく営業区分に分類される。

図表1-3　資産に対する投資から生じる収益および費用の分類

収益および費用を生じさせる項目	特定の主要な事業活動を行っていない企業	主要な事業活動として資産に投資を行っている企業
a．関連会社,共同支配企業および非連結子会社への投資	投資区分	●持分法を適用している場合,投資区分 ●上記以外で主要な事業活動として当該資産に投資している場合,営業区分
b．現金および現金同等物	投資区分	●主要な事業活動として金融資産に投資している場合,営業区分 ●上記に該当しないが,主要な事業活動として顧客にファイナンスを提供している場合,一部または全部を営業区分
c．個別にかつ企業の他の資源からおおむね独立してリターンを生み出すその他の資産	投資区分	●主要な事業活動として当該資産に投資している場合,営業区分

　次は財務区分に含まれる項目である。特定の主要な事業活動を行っていない企業は,以下の項目を財務区分に分類しなければならない(IFRS第18号59項～61項)。

　a．資金の調達のみを伴う取引から生じる負債について,負債の当初および

事後測定から生じる収益および費用、ならびに負債の発行および消滅に直接起因する増分費用

b．資金の調達のみを伴うものではない取引から生じる負債について、他の関連するIFRS会計基準を適用して計上される利息収益および利息費用ならびに金利の変動から生じる収益および費用

企業が主要な事業活動として顧客にファイナンスを提供している場合、**図表1－4**に記載のとおり、上述の収益および費用の一部が財務区分ではなく営業区分に分類される。

図表1－4　財務区分に分類される収益および費用

収益および費用を生じさせる項目	対象となる項目	特定の主要な事業活動を行っていない企業	主要な事業活動として顧客にファイナンスを提供している企業
a．資金の調達のみを伴う取引から生じる負債	●負債の当初および事後測定から生じる収益および費用 ●負債の発行および消滅に直接起因する増分費用	財務区分	●負債が顧客へのファイナンスの提供に関連している場合、営業区分 ●上記に該当しない場合、営業または財務区分
b．資金の調達のみを伴うものではない取引から生じる負債	●他の関連するIFRS会計基準を適用して計上される利息収益および利息費用 ●金利の変動から生じる収益および費用	財務区分	財務区分

このほか、為替差損益やデリバティブ評価損益など、特定の収益および費用の分類についても規定が追加された。

② MPMの定義と開示要求の導入

　IFRS第18号が新たに導入した主要な概念の1つとして，経営者が定義した業績指標（Management-defined Performance Measures: MPM）がある。MPMは以下の要件をすべて満たす収益および費用の小計として定義されている（IFRS第18号117項）。

　　a．財務諸表の外での一般とのコミュニケーションで使用されている。
　　b．企業全体の財務業績の一側面に関する経営者の見方を投資家に伝える。
　　c．IFRS第18号に列挙されておらず，IFRS会計基準で具体的に要求されていない。

　このうちaの要件を満たす収益および費用の小計はbの要件を満たすと推定され，当該推定を覆すためには合理的で裏付け可能な情報が必要である（IFRS第18号119項～120項）。MPMに該当しない小計としてIFRS第18号に列挙されている小計には，売上総利益，減価償却・償却・減損の前の営業利益，法人所得税前純利益などが含まれる（IFRS第18号118項）。

　MPMはP/Lの小計として表示されている項目である場合もあるが，従来財務諸表では表示または開示されていない指標である場合もある。また，1つの企業に複数のMPMが識別される場合もある。企業は，識別されたMPMに対し，財務諸表利用者が以下を理解するのに助けとなる情報を開示することが求められる（IFRS第18号121項）。

　　a．経営者の見解において，MPMが伝える財務業績の側面
　　b．MPMはIFRS会計基準で定義されている指標と比較してどのようであるのか

　具体的には，企業は各々のMPMに明瞭で理解可能な名称を付し，財務諸表の単一の注記において以下を開示する必要がある（IFRS第18号122項～125項）。

　　a．MPMは企業全体の財務業績の一側面についての経営者の見方を提供するものであり，他の企業が提供している類似した指標と必ずしも比較可能ではない旨
　　b．経営者の見解において，MPMが伝える財務業績の側面の記述
　　c．MPMの計算方法
　　d．MPMと最も直接に比較可能なIFRS会計基準による合計または小計の調

整表
　e．調整表の調整項目それぞれにおける法人所得税および非支配持分の影響
　f．法人所得税の影響の計算方法
　g．MPMの計算方法を変更したり，新たなMPMを追加したり，それまで開示していたMPMの使用を中止したり，法人所得税の影響の計算方法を変更した場合，
　　・当該変更，追加，中止およびその影響を利用者が理解するのに必要な説明
　　・変更，追加，中止の理由
　　・比較情報の修正再表示（修正再表示が実務上不可能な場合はその旨）

③　情報のグルーピングの改善

　情報のグルーピングの改善，すなわち情報の集約と分解のレベルの改善については，いくつかの異なる要求事項が導入された。これらの要求事項はすべての基本財務諸表および注記に適用される。
　まず，基本財務諸表と注記の役割が定義された（IFRS第18号16項～17項）。
　基本財務諸表の役割とは，企業の認識された資産，負債，資本，収益，費用，およびキャッシュ・フローの有用な体系化された要約を提供することであり，これは以下に有用である。
　a．企業の認識された資産，負債，資本，収益，費用，キャッシュ・フローの理解可能な概観を得る。
　b．企業間，および同一企業の各報告期間の比較を行う。
　c．財務諸表利用者が注記で追加情報を求めたいと考える可能性のある項目または領域を識別する。
　これに対し，注記の役割とは，以下に必要な重要性がある情報を提供することである。
　a．財務諸表利用者が基本財務諸表に表示された科目を理解できるようにする。
　b．財務諸表の目的を達成するために追加的な情報で基本財務諸表を補足する。

したがって企業は，重要性がある情報を財務諸表で提供するにあたり，基本財務諸表と注記の役割に照らして，当該情報を基本財務諸表で表示するか注記で開示するかを検討することとなる。

次に，IFRS第18号は情報の集約と分解に関する原則を提供している。企業は，他のIFRS会計基準の要求に反しない限り，以下の事項を確保しなければならない（IFRS第18号41項）。
　a．項目は，共有されている特徴に基づいて分類および集約され，共有されていない特徴に基づいて分解される。
　b．項目は，基本財務諸表と注記がそれぞれの役割を果たすように集約または分解される。
　c．項目の集約と分解は，重要性がある情報を不明瞭にしない。

結果として得られる情報に重要性がある場合，常に情報を基本財務諸表または注記において分解することが必要である。また，企業がこのガイダンスを適用するのを支援するため，項目の集約と分解，および集約項目の名称に関する適用指針が提供されている（IFRS第18号B16項～B26項）。

さらに，IFRS第18号は，P/Lの営業区分において，費用の性質または企業内の費用の機能（もしくはその両方）を使用して，最も有用な体系化された要約を提供する方法で営業費用を表示することを求めている（IFRS第18号78項）。P/Lにおいて性質別の費用と機能別の費用の双方を同時に表示する混合表示も認められる。P/Lで1つでも機能別の費用を表示した企業は，注記で以下の項目を性質別に開示することが求められる（IFRS第18号83項）。
　a．減価償却費
　b．償却費
　c．従業員給付
　d．減損損失および戻入
　e．棚卸資産評価減および戻入

なお，上記5項目以外の費用については，集約および分解の原則を適用して追加的に性質別の注記を開示する必要はない，という免除規定が設定されてい

る（IFRS第18号84項）。

④ C/Sに関する修正

IFRS第18号の公表によりIAS第7号が修正された。修正点は大きく分けて2つである。

まず，間接法により営業活動によるキャッシュ・フローを報告する際の開始点として，P/Lの営業利益を使用することが要求されることとなった（IAS第7号18項(b)）。これは，C/Sにおいて間接法を採用しているすべての企業に例外なく適用される。

続いて，利息および配当金の受取および支払にかかるキャッシュ・フローの表示位置に新たな要求事項が追加された。具体的には，特定の主要な事業活動を行っていない企業については，受取利息および受取配当金は常に投資活動によるキャッシュ・フローに分類し，支払利息および支払配当金は常に財務活動によるキャッシュ・フローに分類することとなる（IAS第7号33A項，34A項）。これに対し，主要な事業活動として資産に投資し，または顧客にファイナンスを提供する企業の場合は，P/Lの配当収益，利息収益，利息費用の分類を参照してC/Sの表示を決定することとなる（IAS第7号34B項）。ただし，P/Lで対応する収益および費用が複数の区分に分類されている場合，C/Sではそのうちの1つの区分を選んで表示することとなるため，P/Lの分類とC/Sの分類が完全に一致するわけではない点は留意が必要である（IAS第7号34D項）。なお，このような特定の主要な事業活動を行っている企業についても，支払配当金は常に財務活動によるキャッシュ・フローとして表示する。以上をまとめると**図表1－5**のとおりである。

第1章　IFRS第18号の開発の経緯および主要な改訂ポイント　15

図表1-5　利息および配当金のC/S表示箇所

キャッシュ・フロー項目	特定の主要な事業活動を行っていない企業	特定の主要な事業活動を行っている企業
受取利息	投資活動によるキャッシュ・フロー	営業・投資・財務活動によるキャッシュ・フロー（対応する損益のP/L区分を参照し，それぞれ単一の区分に表示）
受取配当金	投資活動によるキャッシュ・フロー	
支払利息	財務活動によるキャッシュ・フロー	
支払配当金	財務活動によるキャッシュ・フロー	財務活動によるキャッシュ・フロー

(4) IFRS第18号の発効日および経過措置

　最後に簡単にIFRS第18号の発効日および経過措置についてまとめておきたい。IFRS適用企業は，2027年1月1日以後開始事業年度よりIFRS第18号の適用が求められる。それ以前にIFRS第18号を早期適用することも認められ，この場合にはその旨を財務諸表に注記する（IFRS第18号C1項）。IFRS第18号の発効によりIAS第1号が置き換えられる。

　企業はIAS第8号「財務諸表の作成基礎」に従いIFRS第18号を遡及適用する。ただし，遡及適用時に通常求められる量的情報（IAS第8号28項(f)）に代えて，IFRS第18号の適用初年度に，比較情報として開示される直前年度の以下の情報間の調整表を開示する（IFRS第18号C2項，C3項）。

- IFRS第18号を適用して修正再表示されたP/Lの各科目の金額
- IAS第1号を適用して過去に表示されていたP/Lの各科目の金額

Plus One Point

　上述の調整表が求められるのはP/L科目のみであり，その他の基本財務諸表については同様の開示は不要である。また，企業が何らかの理由で（例えば上場している市場の規則により求められているため）比較情報を複数年度開示している場合でも，求められる調整表は直前年度にかかるものである点に留意が必要である。例えば適用初年度が20X3年であり，比較情報として

> 20X1年および20X2年の2期の情報を提供している場合を考えよう。企業は20X1年および20X2年の双方の数値を修正再表示した上で，20X2年のP/Lにつき，上述の調整表を開示する必要がある。

　IFRS第18号の適用初年度に，IAS第34号「期中財務報告」に従って要約財務諸表を作成する場合，期末にIFRS第18号に従って表示されると見込まれる見出しおよび小計を表示する必要がある（IFRS第18号C4項）。また，直前の比較対象期間（累計比較対象期間を含む）のP/Lに表示した科目について，以下の情報間の調整表を開示する（IFRS第18号C5項）。
- IFRS第18号を適用した場合の修正再表示後の金額
- IAS第1号を適用して過去に表示されていた金額

　なお，直前の比較対象期間より前の期間（適用初年度が20X3年の場合，20X1年以前の比較対象期間）については，上述の調整表を開示してもかまわないが，要求はされない（IFRS第18号C6項）。

　さて，IAS第28号「関連会社及び共同支配企業に対する投資」は，関連会社または共同支配企業に対する投資がベンチャー・キャピタル企業等特定の企業に（または特定の企業を通じて）保有されている場合，当該投資を純損益を通じて公正価値（FVTPL）で測定することを認めている。この選択は当該投資の当初認識時において行わなければならない（IAS第28号18項）。ただし，IFRS第18号の適用開始日において，上述の特定の企業に該当する企業は，投資についての測定を持分法からFVTPLに変更することが認められ，IAS第8号に従い遡及適用する（IFRS第18号C7項）。

Plus One Point

　この経過措置の適用の例として，保険会社が単一の関連会社投資を複数の目的で保有している場合を考えてみよう。上述の特定の企業には，投資連動保険ファンドが含まれ，その一例は企業が直接連動有配当保険契約グループについての基礎となる項目として保有しているファンドである（IAS第28号

18項)。保険会社がそのようなファンドを通じて保有している関連会社の一部についてはFVTPLで測定する選択肢を適用し，一部については持分法を適用している場合，前者に関連する収益および費用がP/Lの営業区分に，後者に関連する収益および費用が投資区分に分類されると考えられる。ここで上記の経過措置を適用して後者をFVTPLで測定するように変更すると，当該投資から生じる収益および費用がすべて営業区分に分類され，より有用な情報を提供する可能性がある。

(5) まとめ

　本章では，まず（2）においてIFRS第18号の開発の経緯を概括した。

　さらに，本章（3）においてIFRS第18号の主要な改訂ポイントを解説した。IFRS第18号の改訂ポイントは大きく3つとされることが多い。1つ目は，P/Lの構造化である。IFRS第18号はP/Lに3つの区分，すなわち営業区分，投資区分，財務区分と，これに対応する小計を導入した。これにより，P/Lの比較可能性が向上することが見込まれる。2つ目は，MPMの定義と開示要求の導入である。MPMを定義し，これに関連する開示を必須とすることにより，企業の開示する業績指標の透明性の向上が期待される。3つ目は情報のグルーピングの改善である。これはいくつかの異なる規定，すなわち基本財務諸表と注記の役割，情報の集約と分解に関する原則，営業費用の表示および開示に関する要求事項などを含む。これらの規定の導入により，基本財務諸表および注記において提供される情報の集約と分解のレベルが改善することが見込まれる。また，本章ではこれら3つの改訂ポイントに加え，4つ目としてIAS第7号の修正によるキャッシュ・フロー計算書の要求事項の改訂についても概括した。これらの改訂内容の詳細については，第2章以降で詳しく解説しており，ぜひそちらもご覧いただきたい。

　本章（4）においては，IFRS第18号の発効日および経過措置について概観した。事業年度に関する規定に加え，期中財務報告に関する規定も含まれているため，適用初年度においては注意が必要である。

第2章
基礎となる概念および一般的要求事項

> 本章では，財務諸表の基礎となる各種の概念について概観する。具体的には，財務諸表の目的，IFRS第18号の範囲，完全な1組の財務諸表，重要性，基本財務諸表および注記の役割，集約および分解，表示等の継続性および比較情報などについて解説する。また，以後の各章の内容に直接関連しない一般的な注記要求についても一部触れている。

本章では，財務諸表の表示および開示の具体的な要求事項を見ていくにあたり，基礎となる概念や一般的な要求事項を解説している。また，注記のうち以下のそれぞれの章に直接関連しない一般的なものについても触れている。

（1） 財務諸表の目的

そもそも財務諸表とは，何のため，誰のために作成されるものなのであろうか。財務諸表の目的は，報告企業の資産，負債，資本，収益および費用に関して，財務諸表利用者が報告企業への将来の正味キャッシュ・インフローの見通しの評価および企業の経済的資源にかかる経営者の受託責任の評価を行う際に有用な情報を提供すること，と定義されている（IFRS第18号9項）。

定義を読むだけではあまりピンとこないかもしれないので，もう少し噛み砕いて説明しよう。この定義により，まず財務諸表は，財務諸表作成者や監督官庁などではなく，財務諸表利用者のためであることがわかる。財務諸表利用者については，現在のおよび潜在的な投資者，融資者および他の債権者を指すと財務報告に関する概念フレームワーク（概念FW）に定義されている。以下では話をわかりやすくするため，主に投資家を念頭に記載する。

さて，投資家をはじめとする財務諸表利用者は，投資先である企業の将来キャッシュ・フローの見通しを評価したり，企業の経営者がきちんと受託責任を果たしているかを評価したりする。財務諸表の目的は，このような評価に有用な情報を提供することである。

このような評価に有用な情報は，複数ありうるだろう。例えば，企業の財務情報，マーケットの状況，規制動向など，様々なものが考えられる。財務諸表が提供するのは，多数ある情報のうち，企業の資産，負債，持分，収益および費用に関する情報（キャッシュ・フロー情報を含む）である。

財務諸表の目的を果たすことに資するため，IFRS会計基準は財務諸表（より正確には一般目的財務諸表）に関する様々な要求事項を規定している。本書では，そのうち特に情報の表示および開示に関する全般的および個別的な要求事項について解説する。その範囲は主にIFRS第18号「財務諸表における表示及び開示」となるが，必要に応じて他のIFRS会計基準にも触れる。紙幅の都

合上，個々の取引や勘定科目（例えば有形固定資産，金融商品，従業員給付など）に直接関連する注記開示に関しては割愛せざるを得ないため，ご容赦いただきたい。

本章ではIFRS 第18号が取り扱う範囲および財務諸表の目的を果たす上での基礎となる概念について概説する。

(2) IFRS第18号の範囲

① 一般原則

IFRS第18号は，IFRS会計基準に準拠して作成表示されるすべての一般目的財務諸表に適用される（IFRS第18号2項）。したがって，IFRS第18号の影響は広範囲で，IFRS会計基準に基づき作成されるすべての完全な1組の財務諸表（本章（3）で後述）に影響する。IFRS第18号は財務諸表の表示および開示に関する一般原則を取り扱っており，具体的な取引およびその他の事象（例えば顧客との営業取引，資産の評価等）に対する認識，測定，表示および開示に関する要求事項は，他のIFRS会計基準で扱われている（IFRS第18号4項）。なお，多くの企業が，財務諸表とは別個の，経営者による財務レビュー（例えば，有価証券報告書の前半部分や，決算説明会における投資家向けプレゼンテーション資料など）を提供しており，企業の財務業績および財政状態の主要な特徴を，企業が直面している主な不確実性とともに記述し説明しているが，そのような報告書や計算書はIFRS会計基準の範囲外であるという点についても留意が必要である（IFRS第18号8項）。

② 期中財務報告

IFRS第18号は，IAS第34号「期中財務報告」に従って作成される要約期中財務諸表，例えば四半期報告書や半期報告書等に含まれる財務諸表の表示および開示には原則として適用されない。要約期中財務諸表は，そもそも期末に作成される財務諸表の要約版であり，どのような表示および開示が必要か，あるいは認められるかは，IAS第34号に規定されているためである。しかし，以下の項目については，財務諸表の基礎となる原則であり，要約期中財務諸表にお

いても適用されることとなる（IFRS第18号5項）。
- 財務諸表に表示する情報の集約および分解の原則（本章（6）参照）
- 資産と負債および収益と費用の相殺に関する原則（本章（8）③参照）
- 経営者が定義した業績指標（MPM）に関する要求事項（第8章参照）

③ 状況に適した用語の適用

　IFRS第18号で使用されている用語は，営利目的の企業（公共セクターの営利事業部門を含む）に適したものである。民間セクターまたは公共セクターで非営利事業を営む企業がIFRS第18号を適用する場合には，財務諸表における特定の科目，区分，小計または合計および財務諸表自体に使用する表記を修正する必要がある可能性がある（IFRS第18号6項）。

　同様に，IAS第32号「金融商品：表示」で定義されている資本のない企業（例えば，一部のミューチュアル・ファンド）や，出資金が資本ではない企業（例えば，一部の協同組合）は，財務諸表における会員または投資信託受益権者の持分の表示について修正を求められる可能性がある（IFRS第18号7項）。

（3）完全な1組の財務諸表

　続いて，完全な1組の財務諸表とは何を指すのかを見ていきたい。企業の財務業績を評価するためには，財務諸表の様々な側面を考慮し，財務諸表を全体として理解する必要がある。つまり，単一の計算書や，計算書の中の単一の測定値のみ（例えば営業利益のみ）を参照するだけでは，財務業績を適切に評価することができない（IFRS第18号BCZ25項）。このため，IFRS会計基準は，財務諸表利用者が企業の財務業績を包括的に理解できるよう，完全な1組の財務諸表を定義し，これに含まれるすべての計算書を同等の目立ち方で表示することを要求している。完全な1組の財務諸表は，次のもので構成される（IFRS第18号10項）。

---
　a．当該報告期間に関する財務業績の計算書
　b．当該報告期間の期末現在の財政状態計算書（B/S）

> c．当該報告期間に関する持分変動計算書（S/S）
> d．当該報告期間に関するキャッシュ・フロー計算書（C/S）
> e．当該報告期間にかかる注記
> f．前期に関する比較情報
> g．前期の期首現在のB/S（企業が会計方針を遡及適用するかもしくは財務諸表項目の遡及的修正再表示を行う場合，または財務諸表において項目を組み替える場合）

　上記aからdに示した計算書は基本財務諸表とも呼ばれ，いわゆる（注記以外の）本表を指すと考えていただいてよい。この用語はIFRS第18号で新たに定義された用語である。各計算書の名称は，必ずしも上記を文字どおり使用しなくてもよい。例えば，「財政状態計算書」に代えて「貸借対照表」という表題を使用することも認められる。また，IFRS第18号では「その他の包括利益」，「純損益」および「包括利益合計」という用語を使用しているが，意味が明確である限り，要求される合計，小計および科目を示すために他の用語を使用することができる。例えば，純損益（profit or loss）を示すために「純利益（net income）」の用語を使用してもかまわない（IFRS第18号11項）。

　また，上記aの財務業績の計算書については，次のいずれかの方法で表示する必要があり（IFRS第18号12項），詳細については第4章（1）で解説する。

> a．単一の純損益およびその他の包括利益計算書（純損益の部とその他の包括利益の部を表示）。この選択肢を選択する場合，純損益の部（純損益計算書）を最初に表示し，その直後にその他の包括利益の部（包括利益を表示する計算書）を表示しなければならない。
> b．純損益計算書，および純損益で始まり包括利益を表示する独立の計算書。この選択肢を選択する場合，純損益計算書は包括利益を表示する計算書の直前に置かなければならない。

なお，説明を容易にするため，本書においては上記 a の純損益の部と b の純損益計算書を区別せずに「純損益計算書（P/L）」と呼び，上記 a のその他の包括利益の部と b の包括利益を表示する計算書を区別せずに「包括利益計算書（C/I）」と呼んでいる。

（4） 重要性

① 「重要性がある」の定義

さて，続いては「重要性がある（material）」という概念について解説したい。IFRS会計基準の文脈で重要性がある，というとき，この言葉は日常的な意味ではなく，IFRS第18号で定義された意味において用いられている。まずはこの定義を紹介しよう。

情報は，それを省略したり，誤表示したり不明瞭にしたりしたときに，一般目的財務諸表の主要な利用者が特定の報告企業に関する財務情報を提供する財務諸表に基づいて行う意思決定に影響を与えると合理的に見込みうる場合には，重要性がある（IFRS第18号付録A）。

ここでも，ポイントは財務諸表利用者である。ごく簡略化していうと，「財務諸表の情報が誤っていたとしたら，財務諸表利用者がそれに基づいて行う意思決定に影響がありそうであれば，その情報は重要性がある」というイメージである。「誤っていたとしたら」の中身は「省略したり，誤表示したり不明瞭にしたり」であり，「影響がありそう」を厳密にいうと「影響を与えると合理的に見込みうる」となる。つまり，重要性があるかどうかは，財務諸表利用者の意思決定に影響がある（と合理的に見込みうる）かどうかによるのである。

どのような場合に情報が不明瞭となるかという点について，もう少し補足しておきたい。財務諸表利用者に対して，当該情報の省略または誤表示と同様の影響を及ぼすと考えられるわけで，例えば以下のような状況が挙げられる（IFRS第18号B3項）。

a．重要性がある情報が財務諸表において開示されているが，用いられている文言が曖昧または不明確である。

b．重要性がある情報が，財務諸表全体に散らばっている。
　c．異質な項目等が，不適切に集約されている。
　d．類似した項目等が，不適切に分解されている。
　e．重要性がある情報が重要性がない情報によって隠されていて，どのような情報が重要性があるものなのかを主要な利用者が判断できないほどに，財務諸表の理解可能性が低下している。

> **Plus One Point**
>
> 　「情報を不明瞭にすること」という概念は，情報の「省略」または「誤表示」より判断の要素を強く持っている。したがって，IFRS第18号の開発に際しては「重要性がある」の定義と説明のパラグラフから取り除くことも検討されていた（IFRS第18号BCZ36項）。しかし，情報を不明瞭にすることは当該情報の省略または誤表示と同じように主要な利用者の意思決定に影響を与える可能性がある，ということを強調することが有用であると判断され，定義に含まれることとなった。

② 重要性がある情報の開示

　重要性がある，という語の定義を解説したので，次はこれがどのように財務諸表の表示および開示に関係するのかを見ていきたい。上述の財務諸表の目的を達成するために企業が表示または開示する必要があるのは，重要性がある情報のみである（IFRS第18号15項）。これは，IFRS第18号や他のIFRS会計基準が特定の項目について基本財務諸表における表示，または注記における開示を具体的に，あるいは最低限の要求事項として求めている場合でも同様で，当該情報に重要性がなければ，その項目を表示または開示する必要はない（IFRS第18号19項）。例えば，第5章で説明するように，企業はB/Sにおいてのれんを含む様々な項目を独立表示することが求められている（IFRS第18号103項）が，これらの項目のうち重要性がない項目は独立表示する必要はない。あるい

は，企業が期中に事業を取得した場合，IFRS第3号「企業結合」に基づく様々な開示が要求されるが，当該情報に重要性がない場合は，その情報を開示する必要はない。

> **Plus One Point**
>
> 　別の例として，IFRS第15号「顧客との契約から生じる収益」では，顧客との契約から生じる収益およびキャッシュ・フローの性質，金額，時期および不確実性を財務諸表利用者が理解できるようにすることを目的とした複数の具体的な要求事項を定めている。契約に重大な金融要素があるかどうかについての説明もその1つである（IFRS第15号119項）。小売業など一般消費者を対象とした営業活動から生じる債権等，決済までの期間が短期である場合には，重大な金融要素の有無について開示することの重要性は乏しいと判断されることも想定される。

　一方で，常にIFRS会計基準が具体的に要求している項目のみを表示または開示するだけでよいというわけでもない。最低限の表示および開示のみでは，取引やその他の事象が企業の財政状態および財務業績に与えている影響を財務諸表利用者が理解するのに不十分である場合も想定される。このような場合には，追加的な開示を提供すべきか検討しなければならない（IFRS第18号20項）。

　さて，ある情報に重要性があるか否か，別の言い方をすれば，ある情報を財務諸表で表示または開示すべきか否かの評価は，当該情報の性質もしくは大きさ，またはその両方に左右される。例えば，金額のみを勘案すると一見重要性がないと考えられるような情報も，その性質を勘案した結果重要性があると評価される場合がある。また，重要性の評価においては当該情報が，単独でまたは他の情報との組み合わせで，財務諸表全体としての文脈において重要性があるかどうかを評価する（IFRS第18号B2項）。さらに，企業が企業自身の状況を考慮すると同時に財務諸表利用者の特徴を考慮することも必要となる（IFRS第18号B4項）。

　以上の説明からもわかるように，重要性の評価は判断を伴うものであり，

IFRS会計基準における開示要求を機械的に適用し，財務諸表における開示のためのチェックリストとして用いることが求められているものではない点について留意されたい。

なお，重要性の要求事項は，企業が情報を提供する必要があるかの判断規準であり，その情報をどこで（すなわち基本財務諸表と注記のどちらで）提供すべきかを示しているものではない（IFRS第18号BC53項）。このため，情報に重要性があると評価した場合，その情報を財務諸表のどこで提供するかの検討が別途必要となる。この検討時に考慮すべき基本財務諸表と注記の役割について，次節で説明していこう。

> **Plus One Point**
>
> 読者の中には，ここで説明したIFRS会計基準の定める重要性と，監査人が企業の財務諸表を監査する際に用いる重要性が同じ概念なのか疑問に思われた方もいるかもしれない。日本における監査の多くは日本公認会計士協会が公表する監査基準報告書（監基報）に従い実施されているが，監査における重要性について監基報320「監査の計画及び実施における重要性」は以下のように述べている。
>
> > 2．財務諸表の作成と表示における重要性の概念については，一般的には，以下のように考えられている。
> > ・脱漏を含む虚偽表示は，個別に又は集計すると，当該財務諸表利用者の経済的意思決定に影響を与えると合理的に見込まれる場合に，重要性があると判断される。（後略）
>
> この定義は，IFRS会計基準の定める重要性の定義とまったく同じではないものの，IFRS会計基準と同様，財務諸表利用者の経済的意思決定に与えると合理的に見込まれる影響にフォーカスしており，実務上は両者は整合的に用いられることが想定される。とはいうものの，これは企業の判断する重要性と監査人の判断する重要性が常に，あるいは多くの場合一致することを保証するものではない。

（5） 基本財務諸表および注記の役割

　この節では，基本財務諸表，すなわちP/L，C/I，B/S，S/S，C/S本表と，注記との相違点について考えてみたい。相違点も何も，見た目からして明らかに違うではないか，というご意見もあるだろう。そのとおりではあるが，IFRS会計基準で要求される特定の事項，例えば商品，原材料，仕掛品，製品などの分類ごとの棚卸資産の帳簿価額（IAS第2号「棚卸資産」36項(b)，37項）については，基本財務諸表（この場合はB/S）で表示するか，注記で開示するかは，IFRS会計基準で明確に定まっているわけではない。もちろん，重要性がある会計方針情報（IAS第8号「財務諸表の作成基礎」27A項）など，注記でしか開示しようがない情報もたくさんある。

　財務諸表利用者に有用な情報を提供するため，すなわち財務諸表の目的を達成するため，IFRS第18号は基本財務諸表および注記のそれぞれの役割を規定している。詳しくは以下で説明するが，大まかにいうと，基本財務諸表は体系化された要約を提供し，注記はより詳細な情報を提供する。IFRS第18号公表前は，情報を基本財務諸表と注記のどちらに記載するのかという点については，実務慣行によるところも多く見られていたが，IFRS第18号により基本原則が明確化されることとなったわけである。

① 基本財務諸表の役割

　それでは，まずは基本財務諸表の役割を見てみよう。基本財務諸表の役割は，企業の認識された資産，負債，資本，収益，費用およびキャッシュ・フローについて，財務諸表利用者が次のことを行うために有用な体系化された要約を提供することである（IFRS第18号16項）。

> a．企業の認識された資産，負債，資本，収益，費用およびキャッシュ・フローについての理解可能な概観を得ること
> b．企業間，および同一企業の各報告期間の比較を行うこと
> c．財務諸表利用者が注記において追加的な情報を求めたいと考える可能

性のある項目または領域を識別すること

　つまり，基本財務諸表の役割は3つあり，簡潔にまとめると，a．財務諸表に認識された項目に関する理解可能な概観を提供すること，b．情報の比較可能性を高めること，c．追加的な情報が必要な領域を識別できるようにすること，である。

> **Plus One Point**
>
> 　「理解可能な」という質的特性の記述は，重要性がある情報のすべてを基本財務諸表に表示できるわけではないことを明確化している（IFRS第18号BC54項）。例えば多くの収益および費用の項目を科目として表示しP/Lを埋めつくすことで，財務諸表利用者が企業の収益および費用の概観を入手し理解することを妨げてはならない。どのような情報が理解可能な概観を提供するのかについては，企業の具体的な事実および状況を踏まえて決定する必要がある。

　基本財務諸表の3つの役割のすべてが，ある項目を基本財務諸表において科目として表示すべきかどうかを決定するのに役立つ。例えば，企業が報告期間中に大規模なリストラクチャリングを行う場合，基本財務諸表のそれぞれの役割に照らして，**図表2-1**のような判断がなされるかもしれない。

図表2-1　基本財務諸表の役割に関する判断の例

基本財務諸表の役割	判断の例示
a．財務諸表に認識された項目に関する理解可能な概観を提供すること	● リストラクチャリング費用を区分して表示することは，理解可能な概観を提供する可能性がある。 ● リストラクチャリング費用の個々の内訳項目，すなわちリストラクチャリングに関連する減損損失や従業員給付等を，それぞれ，関連しない減損損失や従業員給付等と集約して表示することは，理解可能な概観の提供を妨げる可能性がある。
b．情報の比較可能性を高めること	● 同様のリストラクチャリングは過去行っておらず，将来の数期間において行う予定もないため，リストラクチャリングに関連する費用を区分して表示することは，当該企業の各報告期間の比較可能性を高める可能性がある。 ● 他の企業がリストラクチャリング費用を区分して表示している場合があるが，その内容が自社と必ずしも類似しているとは限らないため，リストラクチャリング費用を区分して表示することが企業間の比較可能性を高めるとはいえない可能性がある。
c．追加的な情報が必要な領域を識別できるようにすること	● 財務諸表利用者はリストラクチャリング費用に関する追加の情報を求める可能性があり，リストラクチャリング費用を区分して表示することは，財務諸表利用者が追加の情報を求めたいと考える項目または領域を識別することに役立つ可能性がある。

　特定の情報に重要性があり，したがって財務諸表において表示または開示しなければならないが，当該情報を基本財務諸表で表示すべきでないと企業が判断する場合がある。この場合，企業は当該項目を注記に開示する必要がある。

例えば，IFRS第9号「金融商品」に従って決定された減損損失をP/Lに表示することが，企業の収益および費用の有用な体系化された要約を提供するために必要ではないが，重要性がある情報の提供となる場合には，当該損失を注記において開示する（IFRS第18号BC58項）。

本章（4）でも述べたように，IFRS会計基準の要求する表示および開示のみでは不十分な場合，企業は追加的な情報提供を検討する。基本財務諸表が有用な体系化された要約を提供するために必要であれば，企業は追加の科目または小計を基本財務諸表に表示しなければならない。基本財務諸表に表示される追加の科目または小計は，以下の条件を満たす必要がある（IFRS第18号24項）。

> a．IFRS会計基準に従って認識し測定した金額で構成されている。
> b．その計算書の構成と両立可能である。
> c．期間ごとの継続性がある。
> d．IFRS会計基準が要求している合計および小計よりも目立つ表示はしない。

bで触れられている，基本財務諸表を構成する各計算書の構造の決定に際しては個別の要求事項が存在しており，詳細は以下の各章で解説しているのでそちらを参照されたい。

Plus One Point

　IFRS会計基準で定められていない追加の小計を基本財務諸表に表示することは，財務諸表利用者の誤解を招く可能性があるという考え方もある。IASBはIFRS第18号の開発にあたりこの点を考慮した結果，追加の小計が満たすべき上記の条件を定めることにより，追加の小計を表示することは有用な体系化された要約の提供につながると判断した（IFRS第18号BC59項～BC60項）。

② 注記の役割

続いて,注記の役割を見てみよう。注記の役割は,次の事項に必要な重要性がある財務情報を提供することである(IFRS第18号17項)。

> a.財務諸表利用者が基本財務諸表に表示された科目を理解できるようにすること
> b.財務諸表の目的を達成するために追加的な情報で基本財務諸表を補足すること

少し説明を補足しておこう。aに関しては,具体的には基本財務諸表に表示されている項目の分解,特徴の説明や,認識,測定および表示に用いられた方法,仮定および判断に関する情報を記載することが考えられる。**図表2−2**はB/S表示科目とした営業債権およびその他の債権に対して,当該要求事項を当てはめた注記の一例であり,B/S科目の内訳および特徴を説明している。なお,定性的な説明については一部のみ例として記載している点,留意されたい。

図表2−2 営業債権およびその他の債権に関する注記の例

【営業債権およびその他の債権に関する注記】
営業債権およびその他の債権の内訳は,以下のとおりです。

内訳科目	20X2年	20X1年	
売上債権	1,000	1,200	⎫
損失評価引当金	△10	△20	⎬ B/S科目の内訳
その他の債権	50	70	⎪
前払費用	150	120	⎭
合計	1,190	1,370	⇒B/S本表と一致

物品の売上の平均回収期間はXX日であり,売上債権残高にかかる利息は発生していません。
当社グループは,常に,全期間の予想信用損失に等しい金額で売上債権に対する損失評価引当金を測定しています。

⎫
⎬ B/S科目の特徴の説明(認識,測定等も含む)
⎭

注記の役割のうち、bの追加的な情報とは、IFRS会計基準で具体的に要求されている情報およびIFRS会計基準で具体的に要求されている情報に追加する情報の双方が含まれる。前者に関しては、例えばIAS第37号「引当金、偶発負債及び偶発資産」により要求される、未認識の偶発資産および偶発負債に関する情報や、IFRS第7号「金融商品：開示」により要求される、金融商品から生じる様々な種類のリスク（信用リスク、流動性リスクおよび市場リスクなど）に対する企業のエクスポージャーに関する情報などが挙げられる。後者に関しては、具体的にIFRS会計基準で要求されているわけではないが、企業が財務諸表利用者にとって有用だと判断した情報ということになる。

③ 情報を基本財務諸表または注記のどちらに含めるかの決定

企業は、上述の基本財務諸表および注記の役割に従い、情報を基本財務諸表または注記のどちらに含めるかを決定しなければならない。基本務諸表と注記の役割が上述のとおり規定されている結果として、基本財務諸表と注記のそれぞれで要求される情報は以下の点で異なることとなる（IFRS第18号18項）。

> a. 基本財務諸表の役割である体系化された要約を提供するため、基本財務諸表で提供される情報は注記で提供される情報よりも集約される。
> b. 注記の役割を果たすため、企業の資産、負債、資本、収益、費用およびキャッシュ・フローに関するより詳細な情報（基本財務諸表に表示されている情報の分解を含む）が注記に記載される。

（6） 集約および分解

上述のとおり、基本財務諸表にはより集約された情報が表示され、注記には基本財務諸表に表示されている項目が分解された情報が開示される。本節では、項目の集約および分解、すなわち項目のグルーピングの粒度に関して見ていくこととしたい。

> **Plus One Point**
>
> 　集約および分解の原則は，既存の実務における財務諸表が必ずしも適切に集約および分解された情報となっていないという財務諸表利用者からのフィードバックを受けて，既存の要求事項を置き換える形でIFRS第18号で導入されたものである。例えば，どのような費用が含まれているかを理解するのに役立つ情報がない多額の「その他」項目が開示されていたり，逆に開示が詳細すぎて重要な情報が不明瞭になったりしている，というフィードバックが寄せられていた（IFRS第18号BC71項）。

① 一般原則

　ここまで情報の「集約」および「分解」という語を特に定義することなく使用してきたが，これらはIFRS第18号で定義された語であるので，まずはその定義を確認しておこう。集約（aggregation）とは，特徴を共有しており，同じ分類に含められる資産，負債，資本，収益，費用またはキャッシュ・フローを足し合わせることであり，分解（disaggregation）とは，ある項目を特徴が共有されていない構成部分に分けることである（IFRS第18号付録A）。

　情報の集約および分解にあたっては，過度な集約による有用な情報の省略と，過度な分解による不明瞭な開示の双方を避けることが求められる。例えば，極端な例として企業の総資産，総負債，総資本，総収益および総費用を考えてみよう。これらの指標は，企業の財政状態および財務業績に関する何らかの情報を提供するだろうが，集約されすぎていて，単独では財務諸表利用者の意思決定に有用であるとはいえないだろう。あるいは逆に，個々の取引および事象にまで分解された情報が財務諸表に開示されている場合を想像してみてほしい。確かに詳細な情報は提供されているが，詳細すぎて重要な情報が不明瞭になっているし，そもそもそれ以前に財務諸表利用者に理解可能ではない可能性が高い。このように，有用な情報を提供するためにどの程度の詳細さが必要かを判断する必要があるのである。

　このような判断の基礎とするため，基本財務諸表に情報を表示したり，または注記において情報を開示したりするにあたっての集約および分解の原則が提

供されている。すなわち，企業は，個々の取引およびその他の事象に関する情報を表示または開示するにあたり，他のIFRS会計基準の要求に反しない限り，次のように集約および分解を実施することが求められる（IFRS第18号41項）。

> a．資産，負債，資本，収益，費用またはキャッシュ・フローを，共有されている特徴に基づいて項目に分類し集約する。
> b．共有されていない特徴に基づいて項目を分解する。
> c．有用な体系化された要約を提供する際の基本財務諸表の役割を果たす科目を基本財務諸表において表示するために，項目を集約または分解する。
> d．重要性がある情報を提供する際の注記の役割を果たす情報を開示するために，項目を集約または分解する。
> e．集計および分解が，財務諸表において重要性がある情報を不明瞭にしないようにする。

　上記のうち，aおよびbは個々の項目が有する特徴に基づき，情報を集約または分解することを求めている。cおよびdは，前節で説明した基本財務諸表および注記の役割に沿って情報を集約または分解することを求めている。そしてeは，集約および分解の結果，重要性がある情報が不明瞭にされないことを求めている。

　資産，負債，資本，収益，費用およびキャッシュ・フローの特徴が類似しているほど，それらを集約することで基本財務諸表または注記の役割が満たされる可能性が高くなる。逆に，資産，負債，資本，収益，費用およびキャッシュ・フローの特徴が異なるほど，これらの項目を分解することで基本財務諸表または注記の役割が満たされる可能性が高くなる（IFRS第18号B20項）。なお，集約して基本財務諸表に科目として表示される項目は，資産，負債，資本，収益，費用またはキャッシュ・フローの定義を満たす以外に，少なくとも1つの類似の特徴を有していなければならない。ただし，基本財務諸表の役割は有用な体系化された要約を提供することであるため，基本財務諸表における科目は十分に異質な特徴を有する項目を集約する可能性も高い（IFRS第18号B21

項)。

例えば，企業が以下の3種類の金融資産を保有している場合を考えてみよう。
- 純損益を通じて公正価値（FVTPL）で測定する株式
- FVTPLで測定する社債
- 償却原価で測定する社債

FVTPLで測定する金融資産（株式および社債）と償却原価で測定する金融資産（社債）は，異なる測定基礎を有しているため，異質な特徴を有している。企業は，有用な体系化された要約を提供するため，B/Sにおいてこの異質な特徴に基づいて分解した科目を表示することが必要であると判断するかもしれない。この場合，B/SにはFVTPLで測定する金融資産からなる科目と，償却原価で測定する金融資産からなる科目が表示されることになる。さて，ここで資本性投資である株式と負債性投資である社債は，それぞれが企業を異なるリスクに晒すという点で異質であるため，企業はB/SにおいてFVTPLで測定する株式とFVTPLで測定する社債とをさらに分解することが，有用な体系化された要約を提供するために必要かどうかを評価することとなる。それが必要ではなく，かつ，もたらされる情報に重要性がある場合には，注記においてFVTPLで測定する株式をFVTPLで測定する社債と区分して開示することが必要となる（IFRS第18号B23項）。

あるいは，企業はそもそもFVTPLで測定する金融資産と償却原価で測定する金融資産を分解した科目で表示することが，有用な体系化された要約を提供することにつながらないと判断するかもしれない。この場合，企業はこれらの資産を注記において分解する必要があるかを評価する。

② 項目の名称

ここからは，財務諸表の項目の名称について説明する。ここでいう財務諸表の項目とは，基本財務諸表に表示される項目，つまり，合計，小計および科目と，注記に開示される項目の双方を意味することに留意されたい。財務諸表の項目は，その項目の特徴を忠実に表現する方法で名称を付けて記述しなければならない。ある項目を忠実に表現するためには，財務諸表利用者が当該項目を理解するために必要なすべての記述および説明を提供しなければならない。場

合によっては，使用している用語の意味や，資産，負債，資本，収益，費用およびキャッシュ・フローをどのように集約または分解したかについての情報を記述および説明に含めることが必要となることがある（IFRS第18号43項）。

また，ある項目を構成する個々の集約された項目に重要性があるか否かにより，**図表2－3**のようなパターン分けが可能である（IFRS第18号B24項）。

図表2－3　集約される項目の重要性による場合分け

集約される項目の重要性	説明
重要性あり＋重要性あり	●情報を要約するために集約されることがある ●各項目に関する情報を開示する
重要性あり＋重要性なし	●重要性がない項目により重要性がある情報が不明瞭にされている場合のみ，分解された項目に関する情報を提供する
重要性なし＋重要性なし	●項目のリストを完成させるために集約されることがある ●分解された項目に関する情報を開示することは要求されない

さて，IFRS第18号では，企業が「その他」という名称を用いてよいのは，より有益な名称が見つけられない場合のみということが明確化されている（IFRS第18号B25項）。企業がより有益な名称を見つけるために検討すべき内容の例について，**図表2－3**と同じようにパターン分けしてみると**図表2－4**のようになる。

図表2－4　「その他」の名称を使用する前に実施すべき検討の例

集約される項目の重要性	検討する内容の例
重要性あり＋重要性あり	●該当なし（「その他」の名称を使用することは想定されない）
重要性あり＋重要性なし	●情報に重要性がある項目を記述する名称を見つける

重要性なし＋重要性なし	● 類似した特徴を共有している項目を集約し，その特徴を忠実に表現する方法でそれらを記述する ● 類似した特徴を共有していない項目を集約し，異質な特徴を忠実に表現する方法でそれらを記述する

「その他」以外に有益な名称が見つからない場合，すべての集約について「その他の営業費用」「その他の金融費用」など，集約された項目をできるだけ正確に記述する名称を使用しなければならない。また，重要性がない項目のみが集約されている場合，財務諸表利用者が集計された額に重要性がある項目が含まれているかどうかを合理的に疑問視する可能性があるほど多額かどうかを検討する必要がある。金額が十分に大きい場合には，例えば次のような追加の情報を開示しなければならない（IFRS第18号B26項）。

● 重要性がある項目が当該金額に含まれていない旨の説明
● 当該金額が重要性がないいくつかの項目で構成されている旨の説明，およびそのうち最大の項目の性質および金額

上記の2点目で開示される，当該項目を構成する重要性がない項目のうち最大の項目は，その項目自体としては重要性がない。しかしながら，財務諸表利用者が内容について疑問を持っているのであれば，その疑問を解消するための情報には重要性があるとされている点に留意が必要である。

（7） 表示，開示および分類の継続性ならびに比較情報

① 表示，開示および分類の継続性

財務諸表上の項目の表示，開示および分類は，原則としてある報告期間から次の報告期間へと維持しなければならない。これは表示，開示および分類の継続性と呼ばれることがある。ただし，次の場合にはこの限りではない（IFRS第18号30項）。

- IAS第8号の要求事項に照らし,別の表示,開示または分類のほうがより適切であることが明らかな場合
- IFRS会計基準が表示,開示または分類の変更を要求している場合

　条件の1点目に該当する可能性がある状況として,例えば,重大な取得もしくは処分,または財務諸表の見直しにより,財務諸表を変更する必要があることが示唆される場合が挙げられる。ただし,企業が財務諸表上の項目の表示,開示または分類を変更することが認められるのは,当該変更で提供される情報のほうが財務諸表利用者に有用な情報を提供し,かつ,期間ごとの比較可能性を損なわないように企業が変更後の表示,開示または分類の使用を継続する可能性が高い場合のみである点は留意が必要である(IFRS第18号B12項)。

② 比較情報

　IFRS会計基準が別のことを許容または要求している場合を除き,当期の財務諸表,すなわち基本財務諸表および注記で表示および開示するすべての金額について,前期にかかる比較情報を提供しなければならない。また,当期の財務諸表の理解のために必要な場合には,説明的および記述的な情報に関する比較情報も含めなければならない(IFRS第18号31項)。例えば,前期末時点で未解決の係争事件に関連する不確実性についての記述的情報を開示していたとしよう。当該情報の詳細,およびその不確実性を解消するために当期中にとられた措置に関する情報を当期末に開示することは,財務諸表利用者に役立つ場合があるであろう(IFRS第18号B13項)。

③ 追加的な比較情報

　上記のIFRS会計基準が要求する最低限の比較情報(すなわち前期の情報)に加えて,追加的な比較情報を提供することもできる。ただし,当該情報はIFRS会計基準に従って作成されている必要がある。この比較情報は,本章(3)で述べた完全な1組の財務諸表を構成する必要はないが,1つまたは複数の基本財務諸表を追加的な比較情報として提供する場合,あわせて関連する

注記を開示しなければならない（IFRS第18号B14項）。例えば，前々期のP/LおよびC/Iを追加的な比較情報として提供する場合，前々期にかかるB/S，S/S，C/Sをあわせて提供することは求められない。ただし，前々期のP/LおよびC/Iにかかる注記は開示が求められる（IFRS第18号B15項）。

また，会計方針の遡及適用，財務諸表上の項目の遡及的修正再表示，または財務諸表上の項目の組替えを行い，かつ，それが前期の期首時点のB/Sに与える影響に重要性がある場合には，前期の期首時点のB/Sを追加で表示する必要がある（IFRS第18号37項）。なお，この場合，前期の期首時点のB/Sにかかる注記を提供する必要はない（IFRS第18号39項）。

④ 比較情報の組替え

企業が財務諸表上の項目の表示，開示または分類を変更する場合（上記①参照）には，組替えが実務上不可能な場合を除き，比較金額を組み替えなければならない。比較金額を組み替える際には，組替えの性質，組み替えている各項目または項目クラスの金額および組替えの理由を開示しなければならない（IFRS第18号33項）。また，比較金額の組替えが実務上不可能な場合には，金額を組み替えていない理由，および金額を組み替えていたならば行われたであろう修正の性質を開示しなければならない（IFRS第18号34項）。

(8) 表示および開示に関するその他の一般的要求事項

① 財務諸表の特定

企業は財務諸表を明瞭に特定し，同じ公表書類中の他の情報と区別しなければならない（IFRS第18号25項）。IFRS会計基準は財務諸表に対してのみ適用され，年次報告書，規制当局に対する提出書類および他の文書において提供される他の情報（例えば，有価証券報告書の前半部分）には必ずしも適用されない。したがって，財務諸表利用者が，IFRS会計基準を使用して作成された情報と他の情報とを区別できるようにすることが重要である（IFRS第18号26項）。

さらに，企業は各基本財務諸表および注記を明瞭に特定しなければならない。さらに，下記の情報を目立つように表示し，提供する情報を理解可能にするた

めに必要な場合には繰り返さなければならない（IFRS第18号26項）。

> a．報告企業の名称または他の識別手段，および直前の報告期間の期末日からの当該情報の変更
> b．財務諸表が個別企業の財務諸表なのか，企業集団の財務諸表なのか
> c．報告期間の期末日または財務諸表の対象期間
> d．表示通貨
> e．財務諸表上の金額について使用している表示単位（四捨五入のレベル）

② 報告の頻度

企業は，完全な1組の財務諸表（比較情報を含む）を，少なくとも年に1度は提供しなければならない。企業が報告期間の期末日を変更して，年次財務諸表を1年よりも長い期間または短い期間について提供する場合には，財務諸表の対象期間に加えて，1年よりも長い期間または短い期間を使用している理由，および財務諸表に含めた金額が完全には比較可能ではない旨を開示しなければならない（IFRS第18号28項）。なお，通常，企業は1年間についての財務諸表を継続的に作成する。しかし，実務上の理由で，例えば，52週間について報告することを選択するような実務は妨げられない（IFRS第18号29項）。

③ 相　殺

IFRS会計基準で要求または許容されている場合を除き，企業が資産と負債または収益と費用を相殺することは認められない（IFRS第18号44項）。すなわち，資産と負債または収益と費用は総額で表示することが原則であり，例外的に要求または許容された場合のみ純額表示が可能となる。これは，資産と負債または収益と費用の相殺は，相殺が取引等の実質を反映する場合を除き，財務諸表利用者が発生した取引等を理解する能力，および財務諸表利用者が企業の将来キャッシュ・フローを評価する能力の双方を損なうからである（IFRS第18号45項）。

（9） 注記の構成

① 注記の一般的要求事項
企業は注記で以下を開示しなければならない（IFRS第18号113項）。

---
a．財務諸表の作成基礎（IAS第8号6A項〜6N項参照）および使用した具体的な会計方針に関する情報（IAS第8号27A項〜27Ⅰ項参照）に関する情報
b．IFRS会計基準で要求している情報のうち基本財務諸表に表示されていないもの
c．基本財務諸表に表示されていないが，基本財務諸表のいずれかの理解のために必要なその他の情報（IFRS第18号20項参照）

ただし，必要な情報が網羅されてさえいればよい，ということではない。企業は，実務上可能な限り，注記を体系的な方法で表示しなければならない。体系的な方法での開示については，後述の②で詳しく説明する。

また，財務諸表とともに公表した情報において他のどこにも開示していない場合，企業は注記において以下を開示しなければならない（IFRS第18号116項）。

---
a．当該企業の本拠地および法的形態，法人設立国ならびに登記上の本社の住所（または登記住所と異なる場合の主要な事業所の所在地）
b．当該企業の事業の性質および主たる活動に関する記述
c．親会社の名称およびグループの最終的な親会社の名称
d．存続期限が有限の企業である場合には，その存続期間の長さに関する情報

なお，IAS第1号で定められていた継続企業，重要性がある会計方針および見積りの不確実性といった開示の定めは，IFRS第18号の公表に伴い，IAS第8号へその内容が移管されている（詳細については第9章参照）。

② 体系的な方法での表示

　上述のとおり，企業は実務上可能な限り注記を体系的な方法で表示することが求められている。体系的な方法を決定するにあたり，企業は財務諸表の理解可能性および比較可能性への影響を考慮しなければならない。つまり，情報が分類，特徴付けられ，明瞭かつ簡潔に表示されており財務諸表利用者が理解可能であること，および，ある項目等について他の企業と，または同一企業の別の期間で，類似点と相違点が識別されて有用なものとなっていることが必要である。また企業は，基本財務諸表の各項目を注記における関連する情報と相互参照しなければならない。注記に開示した金額が基本財務諸表の1つまたは複数の科目に含まれている場合は，当該金額が含まれている科目を注記において開示しなければならない（IFRS第18号114項）。

　なお，財務諸表の作成基礎および用いた具体的な会計方針に関する情報を提供する注記を，財務諸表の独立のセクションにおいて開示することもできる（IFRS第18号115項）。

　体系的な順序付けまたはグループ分けの例には次のようなものがある（IFRS第18号B112項）。

---

a．企業の活動のうち企業が自らの財務業績および財政状態の理解に最も重要と考えている領域を目立たせる（特定の事業活動に関する情報を一緒にグループ分けするなど）。

b．同様に測定する項目（公正価値で測定する資産など）に関する情報を一緒にグループ分けする。

c．財務業績の計算書（P/LおよびC/I）および財政状態計算書（B/S）における科目の順序に従う。例えば，
　(i) IFRS会計基準に準拠している旨の記述（第9章（1）②参照）
　(ii) 重要性がある会計方針情報（第9章（1）⑤参照）
　(iii) B/S，P/L，C/I，S/S，C/Sに表示した項目についての裏付けとなる情報（各計算書が提供され，各科目が表示されている順序で）

> (iv) その他の開示（偶発負債および非財務の開示，例えば，企業の金融リスク管理目標および方針を含む）

　この表現は，2014年に改訂されたIAS第1号と同様のものである。改訂以前は，利害関係者の間で注記をこの順序，すなわちIAS第1号に列挙された順序で記載することが通常と考える傾向があったが，改訂で表現が改められ，規定はあくまでも「企業が注記の順序をつけることのできる方法の一例」であるとの位置付けが明確化された（IFRS第18号BCZ321項）。したがって，注記の順序を決定する際には，上述のように財務諸表の理解可能性および比較可能性に対する影響を考慮して，それぞれの企業にあった開示順序を決定すべきである。

Plus One Point

　IFRS会計基準で明示的に要求されていない限り，特定の注記要求にかかる情報を必ずしも単一の注記で開示する必要はない。例えば，ある企業はIAS第37号に基づき開示する複数の引当金に関する注記を単一の注記として開示することがより有用であると判断して開示するかもしれない。一方，別の企業は，そのうち特定の引当金を別の注記（例えば構造改革に関する注記）とともに開示することがより有用であると判断し，そのように開示するかもしれない。ここでも判断の基準は財務諸表の有用性である。

(10) まとめ

　本章では，財務諸表の基礎となる各種の概念を概説した。以降の章での説明の基礎となる概念を確認しておくため，関連性の乏しい個別のトピックを多くカバーする章であったことはご容赦いただきたい。
　まず，本章（1）でそもそも財務諸表とは何のため，誰のためのものか，という財務諸表の目的について触れた。次いで本章（2）では，IFRS会計基準

における主たる表示および開示の基準であるIFRS第18号の対応している範囲について説明した。本章（3）では完全な1組の財務諸表，という概念について解説した。

続く本章（4）では，重要な概念である「重要性」について説明した。重要性は財務諸表利用者への影響という観点からの概念であり，財務諸表には重要性がある情報を表示ないし開示することが求められる。

本章（5）では基本財務諸表および注記の役割を概観した。これはIFRS第18号により新たに導入された概念であるため，詳しく解説している。また，本章（6）で取り上げている集約および分解についても，概念自体は新しいものではないものの，集約および分解の原則自体はIFRS第18号により導入されたものであるため，同様に詳しく解説した。

また，本章（7）では表示，開示および分類の継続性，ならびに比較情報について解説し，本章（8）（9）では本章（7）までにカバーしていないその他の一般的要求事項，および注記の構成について説明している。

本章で取り扱った概念は財務諸表の基礎となる概念ではあるものの，それぞれにストーリー性のあるつながりがあるわけではないため，以後の章を読み進めていくうちに再度確認したい概念があれば，都度本章に戻っていただくといったような形でご利用いただけると幸いである。

第 3 章
純損益計算書（P/L）

　純損益計算書（P/L）とは，財務業績の計算書の一部であり，原則としてすべての収益および費用を含む基本財務諸表である。本章ではP/LおよびP/L注記に関連する要求事項を解説する。まずP/Lの基本的な構造を概観したのち，収益および費用のP/L区分を決定する際の重要な概念である主要な事業活動について説明する。その後，特定の主要な事業活動を行っていない企業，続いて特定の主要な事業活動を行っている企業に関連するP/Lの要求事項を取り扱う。本章の後半では日本基準のP/Lとの比較を試みるほか，P/Lに含まれる営業費用の分類方法（費用性質法と費用機能法）についても触れている。また，本章の最後に，付録として業種別のP/Lの開示の実務例を示している。

本章では，純損益計算書（P/L）に関連する要求事項について説明する。P/Lは，IFRS第18号「財務諸表における表示及び開示」によって，それまでのIAS第1号「財務諸表の表示」の関連する要求事項が最も大きく変更された部分である。本章では，IAS第1号によるP/L表示に慣れ親しんだ方のためにIAS第1号からの変更点も詳しく解説しつつ，IAS第1号の前提知識のない方にも違和感なく読んでいただけるよう工夫している。また，日本基準のP/Lとの相違点にも触れ，現在日本基準を採用しているものの今後IFRS会計基準への移行を検討している企業や，子会社がIFRS会計基準での報告を行っている企業にもわかりやすく説明している。

(1) P/Lの基本的な構造

① 収益および費用の定義

IFRS第18号のP/Lのセクションは，以下の要求事項から始まる（IFRS第18号46項）。

> 企業は，IFRS会計基準が他の方法を許容または要求している場合を除き，すべての収益および費用をP/Lに含めなければならない。

すなわち，P/Lは原則として，すべての収益および費用を含むこととなり，例外となるのはIFRS第18号またはその他のIFRS会計基準が明示的に要求または許容している場合のみである。そのような場合，収益および費用はP/Lではなく包括利益計算書（C/I）のうちのその他の包括利益（OCI）に含まれることになる（第4章参照）。

収益および費用の定義は，財務報告に関する概念フレームワーク（概念FW）に以下のように定められている（概念FW4.68項，4.69項）。

> 収益（income）とは，持分の増加を生じる資産の増加または負債の減少のうち，持分請求権の保有者からの拠出にかかるものを除いたものである。

> 費用（expenses）とは，持分の減少を生じる資産の減少または負債の増加のうち，持分請求権の保有者への分配にかかるものを除いたものである。

　厳密に定義するとこのようになるが，本章ではこの定義自体に立ち戻ってP/Lに含まれる項目を議論することはないので，そのように定義されているのだな，という程度で読み進めていただいて差し支えない。この定義に関しては，C/Iについて解説する第4章，あるいは持分変動計算書（S/S）について解説する第6章において，必要に応じて改めて触れることとする。

② P/Lの区分および小計
　さて，上述のとおりP/Lは原則としてすべての収益および費用を含むこととなるが，すべての収益および費用を含みさえすれば企業が好きなように表示してよいというものではない。P/Lは以下の5つの区分（category）を有しており，P/Lに含まれる収益および費用は，この5つの区分のいずれかに分類される（IFRS第18号47項）。
　a．営業区分
　b．投資区分
　c．財務区分
　d．法人所得税区分
　e．非継続事業区分

　P/L自体にこの区分名を表示する必要はないが，各区分の直後には通常小計が表示されるため，これが区分の区切りを見た目上判断する目安となる。
　いくつかの小計は必須で表示が求められる一方，他の小計の表示は必須ではない。必須の小計は営業利益，財務および法人所得税前純利益，当期利益の3つである（IFRS第18号69項）。数値がマイナスとなる場合にはそれぞれ営業損失，財務および法人所得税前純損失，当期損失となるが，本書では以下，営業利益および営業損失をあわせて「営業利益」などと記載することとする。
　営業利益は，営業区分に含まれるすべての項目の小計である（IFRS第18号

70項)。財務および法人所得税前純利益は,営業利益と,投資区分に含まれるすべての項目の小計である（IFRS第18号71項)。なお,特定の場合にはこの必須の小計をP/Lに表示してはならない（詳細は後述（5）参照)。当期利益はP/Lに含まれるすべての項目の合計である（IFRS第18号72項)。

この3つ以外の小計はP/Lに必ず表示を求められるものではないが,適切な小計を表示することは財務諸表利用者の理解に資するものと考えられる。一般的によく用いられる小計としては,売上高から売上原価を控除した売上総利益,法人所得税よりも上に表示される項目の小計である法人所得税前利益（IFRS第18号のもとでは,P/Lの構造上,財務区分の後に表示されることとなる),非継続事業からの損益を除くすべての項目の小計である継続事業からの純利益などが挙げられる。以上を単純化して示すと**図表3－1**のようになる。なお,実際には各区分内の収益および費用はより細かく分解され,適切な名称が付されることとなるが,ここではP/Lの構造を示すことが目的であるため,あえて集約した名称を記載している。また,本書を通じて,設例における金額単位の

図表3－1　P/Lの構造

		20X2年	20X1年	
①	営業収益	1,300	1,250	営業区分
②	営業費用	(1,000)	(900)	
③＝①－②	営業利益	300	350	必須の小計
④	投資収益	600	400	投資区分
⑤	投資費用	(350)	(250)	
⑥＝③＋④－⑤	財務および法人所得税前純利益	550	500	必須の小計
⑦	財務収益	220	200	財務区分
⑧	財務費用	(270)	(200)	
⑨＝⑥＋⑦－⑧	**法人所得税前純利益**	500	500	任意の小計
⑩	法人所得税費用	(150)	(150)	法人所得税区分
⑪＝⑨－⑩	**継続事業からの純利益**	350	350	任意の小計
⑫	非継続事業からの損失	(100)	(80)	非継続事業区分
⑬＝⑪－⑫	純利益	250	270	必須の小計

記載は省略している。

ここから順番に、各区分にどのような収益および費用が含まれるかを見ていきたいところだが、先に説明しておかなければいけない概念がある。それは「主要な事業活動」である。主要な事業活動として特定の事業を行っているかどうかにより、どのような項目がP/Lの営業、投資、財務の各区分に含まれるかが異なる。結果として、主要な事業活動により、P/Lのでき上がりが大きく変わる可能性がある。そこで、次節でまずこの主要な事業活動について見たのち、P/Lの各区分の内容に戻ってくることとしたい。

(2) 主要な事業活動

① 特定の主要な事業活動

さて、前節の最後で触れたように、収益および費用のP/L区分を決定するにあたっては、まず企業の主要な事業活動を決定する必要がある。といっても、すべての企業について、「主要な事業活動が何か」を決定する必要はない。ここで必要なのは、企業が「特定の」主要な事業活動を行っているかどうかであり、具体的には、以下のいずれかもしくは両方を主要な事業活動として行っているかどうかの決定である（IFRS第18号49項）。

> a．特定の種類の資産への投資（以下「資産への投資」という）
> b．顧客へのファイナンスの提供

aの特定の種類の資産とは、主要な事業活動として投資を行っていない場合、当該資産から生じる収益および費用が投資区分に分類される資産のことであり、本章（3）②を参照されたい。

② 主要な事業活動の決定にあたっての留意事項

企業の主要な事業活動は1つである必要はなく、ある企業が複数の主要な事業活動を有している場合もありうる（IFRS第18号B30項）。いわゆるコングロマリット企業などは、自社グループが多くの主要な事業活動を有していると決

定する場合もあるであろう。そのような場合も，上述のaまたはbの事業を主要な事業として行っているかのみを決定すればよく，その他の事業（例えば製品の製造）が主要な事業か否かを決定する必要はない。

主要な事業活動として資産に投資を行っている企業としては，例えばIFRS第10号「連結財務諸表」に規定されている投資企業，投資不動産会社，保険会社などが考えられる（IFRS第18号B31項）。主要な事業として顧客にファイナンスを提供している会社としては，例えば銀行，自社の顧客に自動車ローンを提供している自動車会社，ファイナンス・リースの貸手であるリース会社などが考えられる（IFRS第18号B32項）。専業の場合には比較的わかりやすいかもしれないが，このような事業を複数の事業の1つとして実施している場合，それが「主要な」事業活動であるのかを決定する必要がある。

主要な事業活動として資産に投資を行っているか，あるいは主要な事業活動として顧客にファイナンスを提供しているかは，「事実」の問題であり，単なる「主張」の問題ではないことが，IFRS第18号で明確にされている。一方で，主要な事業活動を決定するための評価には判断が必要であり，当該判断は証拠に基づいている必要がある（IFRS第18号B33項）。

この判断を支援するため，IFRS第18号は主要な事業活動を決定する際のいくつかのガイダンスを提供している。

例えば，一般的に，企業が特定の種類の小計を業績の重要な指標としている場合，資産への投資や顧客へのファイナンスの提供が主要な事業活動である可能性が高い。ここでいう「特定の種類の小計」とは，いわゆる売上総利益類似の小計，すなわち特定の種類の収入から関連する直接費のみを控除した小計である（IFRS第18号B34項）。例えば，不動産の賃貸収入から関連する直接費のみを控除した正味賃貸収益を業績の重要な指標としている場合，その企業は資産への投資を主要な事業活動としている可能性が高い。また，貸付金から生じる利息収益から関連する利息費用のみを控除した正味金利収益を業績の重要な指標としている場合，その企業は顧客へのファイナンスの提供を主要な事業活動としている可能性が高い。ここで，企業が特定の指標を業績の重要な指標としている証拠として，その指標を用いて企業外部に業績を説明していたり，そ

の指標を内部的に業績指標として評価ないしはモニタリングしていたりするような場合が想定されている（IFRS第18号B35項）。

IFRS第8号「事業セグメント」に基づき開示されるセグメント情報も，企業が特定の主要な事業活動を行っているかの証拠を提供する場合がある。特に，報告セグメントが単一の事業活動から構成されている場合，当該報告セグメントの業績が企業業績の重要な指標であり，したがってその事業が主要な事業活動であることを示唆している。また，事業セグメントが単一の事業活動から構成されている場合，その事業に関して上述したように特定の種類の小計が企業の業績の指標である場合には，当該事業活動が企業の主要な事業活動である可能性があることを示唆する（IFRS第18号B36項）。

このような主要な事業活動の評価は，報告企業全体，すなわち連結グループレベルで行う。場合によっては，連結グループレベルと子会社レベルでは主要な事業活動の評価が異なるケースもありうる（IFRS第18号B37項）。例えば，ある企業グループのうちの1つの子会社が銀行である場合，当該子会社にとっては顧客へのファイナンスの提供が主要な事業活動である可能性が高い。一方で企業グループレベルでは，グループ全体にとって顧客へのファイナンスの提供が主要な事業活動であるかを評価する必要があり，当該評価の結果，グループ全体にとっては顧客へのファイナンスの提供が主要な事業活動ではないと決定することもありうる。

> **Plus One Point**
>
> グループ内の親会社レベル（すなわち企業グループレベル）と子会社レベルで主要な事業活動の評価が異なる場合，実務上は留意が必要である。子会社レベルでも連結財務諸表を作成している場合はなおさらである。親会社は連結財務諸表作成のための情報をレポーティングパッケージ等により子会社から収集することが多いが，企業グループレベルの適切な連結P/L作成のためには，企業グループレベルでの主要な事業活動の評価に基づき各収益および費用項目を分類し，その情報をレポーティングパッケージに含める必要がある。子会社にとってこの情報は，自社の連結財務諸表を作成する際に用いる情報とは異なる場合がある。

> 例えば，子会社グループにとって顧客へのファイナンスの提供が主要な事業活動である場合，本章（5）で解説する要求事項に従い，子会社は自社の資金調達にかかる支払利息のすべてを営業区分に分類しているかもしれない。そして，営業活動に関連する為替差損益と資金調達に関連する為替差損益を特段区分することなく，いずれも営業区分に含めているかもしれない。しかしながら，企業グループレベルで顧客へのファイナンスの提供が主要な事業活動ではないと評価している場合，子会社から親会社への報告時には，資金調達にかかる支払利息および関連する為替差損益は財務区分として分類し報告する必要がある。
>
> さらに，当該子会社の子会社（すなわちグループにおける孫会社）は，当該費用および収益を財務区分に含めたグループ全体の親会社への報告と，それらを営業区分に含めた直接の親会社（すなわちグループにおける子会社）への報告の，異なる2種類の報告が求められる可能性もある。

企業が主要な事業として資産に投資を行っている場合，あるいは主要な事業として顧客にファイナンスを提供している場合，その事実を注記で開示する必要がある。また，期中にその評価が変更された場合には，変更の旨と変更日を開示し，当該変更によりP/Lの分類が変更される収益および費用につき，当期の変更前および変更後の金額および区分，ならびに前期の金額および区分もあわせて開示する必要がある。なお，変更による影響の開示が実務上不可能な場合は，その旨を開示する（IFRS第18号51項）。

（3） 特定の主要な事業活動を行っていない企業のP/L

それでは，ここからはP/Lの各区分にどのような項目が含まれ，結果としてP/Lがどのようなでき上がりになるのかを見ていこう。まずは，特定の主要な事業活動を行っていない企業，すなわち，主要な事業として，資産に投資を行っておらず，顧客にファイナンスも提供していない企業の場合を説明する。

（1）②で述べたように，P/Lには以下の5つの区分がある。

a．営業区分
b．投資区分
c．財務区分
d．法人所得税区分
e．非継続事業区分

上から順に，その区分にはどのような項目が含まれるのか，すなわち，その区分はどのように定義されているのかを見ていきたい。

① 営業区分

営業区分は，P/Lに含まれる収益および費用のうち，他の4つの区分に含まれないすべての収益および費用を含む。その意味で，営業区分は残余，もしくはデフォルトの区分である（IFRS第18号52項）。以下で説明する他の区分の定義を見るとわかるように，結果として，営業区分は持分法による投資損益を除き，主要な事業活動から生じるすべての収益および費用を含むと想定される。ただし，営業区分には，他のいずれの区分にも含まれないその他の収益および費用も含まれるし，いわゆる一過性の損益も含まれることとなる（IFRS第18号B42項）。

> **Plus One Point**
>
> P/Lの営業，投資，財務の3区分は，キャッシュ・フロー計算書（C/S）の営業，投資，財務の3区分と極めて類似した名称となっている。しかしながら，P/Lの3区分の定義（IFRS第18号）とC/Sの3区分の定義（IAS第7号「キャッシュ・フロー計算書」）は異なっており，結果として各区分に含まれる項目は必ずしも同じではない。例えば，製造設備の減価償却費は通常，P/Lでは営業区分に含まれるが，製造設備の購入にかかるキャッシュ・フローは，C/Sでは投資活動によるキャッシュ・フロー（すなわち投資区分）に含まれる。P/LにおいてもC/Sにおいても，営業区分は残余の区分として定義されており，他の区分に含まれない項目はすべて営業区分に含まれることとなる。

営業区分の後には，営業区分に含まれる収益および費用の合計である営業利益が表示される（IFRS第18号70項）。営業利益は必須の小計であり，すべての企業はP/Lに営業利益を表示しなければならない（IFRS第18号69項）。

営業区分に表示される費用には，営業費用がある。営業費用は性質別，機能別またはその双方により表示される。これについては節を改めて説明する（本章（8）参照）。

> **Plus One Point**
>
> IFRS第18号の開発中，日本をはじめとする各国の利害関係者の一部から，営業利益をデフォルト区分として間接的に定義するのではなく，より積極的ないし直接的に定義すべきという強い意見が寄せられた。IASBはこの点に関して検討したが，結局，以下の理由により営業利益を直接的に定義することはしなかった（IFRS第18号BC91項）。
> - すべての企業について適切であり一貫して適用できるような営業利益の直接的な定義を開発することは困難である。このアプローチに基づいた過去の基準設定の試みは不成功であった。
> - 企業が営業利益の直接的な定義を適用することは，重大な判断を要する可能性が高いため，より困難でコストを要するものとなる可能性が高い。対照的に，どの収益および費用を投資区分または財務区分に分類すべきかの決定は，必要となる判断が少なく，適用がより単純となり，より一貫性の高い適用が見込まれる。
> - 営業利益の直接的な定義により，営業費用への項目の分類の一貫性が低くなる可能性がある。例えば，直接的な定義を使用すると，営業費用を費用機能法で表示する企業が機能別の科目に配分されない営業費用を営業区分に分類しないなど，一部の項目が営業区分から除外される可能性がある。

② 投資区分
a．関連する資産の識別

投資区分に含まれる収益および費用を決定するには，まず収益および費用の発生の源泉となる資産を識別する必要がある。企業は，以下の資産から生じる収益および費用を投資区分に分類する（IFRS第18号53項）。

---
① 関連会社，共同支配企業および非連結子会社への投資
② 現金および現金同等物
③ 個別にかつ企業の他の資源とおおむね独立してリターンを生み出すその他の資産

本章（2）①の主要な事業活動の説明の際に，「特定の種類の資産」に投資している，と述べていたのがこの3種類の資産に当たる。

「①関連会社，共同支配企業および非連結子会社への投資」には，様々な会計処理を行っている関連会社および共同支配企業への投資が含まれる。まず，IAS第28号「関連会社及び共同支配企業に対する投資」16項やIAS第27号「個別財務諸表」10項(c)に従って持分法を適用している投資が含まれる。さらに，IAS第28号18項，19項およびIAS第27号11項を適用し，企業がIFRS第9号「金融商品」に従って純損益を通じて公正価値（FVTPL）で測定することを選択した投資が含まれる。加えて，個別財務諸表においてIAS第27号10項(a)を適用して取得原価で会計処理した投資やIAS第27号10項(b)を適用してIFRS第9号に従って会計処理した投資が含まれる（IFRS第18号B43項）。

さらに，非連結子会社への投資については，個別財務諸表においてIAS第27号10項(c)を適用して持分法を適用している投資，IFRS第10号「連結財務諸表」31項およびIAS第27号11A項に従い投資企業がFVTPLで測定している投資，個別財務諸表においてIAS第27号10項(a)を適用して取得原価で会計処理した投資やIAS第27号10項(b)を適用してIFRS第9号に従って会計処理した投資が含まれる（IFRS第18号B44項）。

「②現金および現金同等物」に関しては，IAS第7号6項に定義がある。現金とは手許現金と要求払預金からなり，現金同等物とは，短期の流動性の高い

投資のうち，容易に一定の金額に換金可能であり，かつ，価値の変動について僅少なリスクしか負わないものをいう（第7章参照）。

「③個別にかつ企業の他の資源からおおむね独立してリターンを生み出すその他の資産」としては，例えば負債性金融商品，資本性金融商品，投資不動産およびそこから生じる賃料債権などが典型的である（IFRS第18号B46項）。なお，ここでいう「リターン」とは，正のリターンのみならず負のリターンも含む（IFRS第18号B45項）。

b．投資区分に含まれる収益および費用

さて，上述のような資産から生じる収益および費用は，投資区分に含まれる。資産から生じる収益および費用には以下を含む（IFRS第18号54項）。

- 資産から生じる収益
- 資産の当初認識および事後測定から生じる収益および費用（資産の認識の中止時に生じる収益および費用を含む）
- 資産の取得および処分に直接起因する増分費用（取引コストや資産の売却コストなど）

具体的には，例えば上述のような資産から生じる利息，配当，賃貸収益，減価償却費，減損損失および減損の戻入，公正価値評価損益，資産の認識の中止や売却目的への振替時に生じる損益などが該当する（IFRS第18号B47項）。

ここで，理解を深めるため，「③個別にかつ企業の他の資源からおおむね独立してリターンを生み出すその他の資産」に該当しない資産はどのようなものかを考えてみよう。個別にかつ企業の他の資源からおおむね独立してリターンを生み出すわけではない資産とは，すなわち企業の他の資源と組み合わせて財やサービスを提供するために用いられる資産である。例えば製造設備などの有形固定資産や，関連する収益および費用が営業区分に含まれる財やサービスの提供から生じる資産（売掛金など）がこれに当たる（IFRS第18号B48項）。このような資産から生じる収益および費用は，投資区分ではなく営業区分に含ま

れる。例えば，資産の組み合わせにより提供された財またはサービスの収益，減価償却費および償却費，減損損失および減損の戻入，認識の中止や売却目的への振替時に生じる損益，営業区分に分類される収益および費用を生じる資産を含む企業結合から生じる収益および費用（割安購入益や条件付対価の再評価損益など）がこれに当たる（IFRS第18号B49項）。

以上をまとめると**図表３－２**のようになる。

図表３－２　投資区分に含まれる項目

	もととなる資産	投資区分に含まれる収益および費用	具体例
①	関連会社，共同支配企業および非連結子会社への投資	●資産から生じる収益 ●資産の当初認識および事後測定から生じる収益および費用（資産の認識の中止時に生じる収益および費用を含む） ●資産の取得および処分に直接起因する増分費用（取引コストや資産の売却コストなど）	●受取配当金 ●持分法投資損益 ●投資の減損損失および戻入 ●投資売却損益
②	現金および現金同等物	同上	●普通預金の利息収益
③	個別にかつ企業の他の資源からおおむね独立してリターンを生み出すその他の資産	同上	●貸付金の利息収益 ●投資不動産の減価償却費 ●投資不動産の公正価値評価損益 ●投資不動産の売却損益

次の節に移る前に，受取配当金につきもう少し考えてみよう。**図表３－２**に記載のとおり，関連会社，共同支配企業および非連結子会社からの受取配当金は，投資区分に含まれる。では，それ以外の他の企業の株式に投資している場合，その投資から生じる受取配当金はどのP/L区分に含まれるだろうか。

主要な事業活動として当該株式に投資している場合（本章（4）参照）を除き，保有する他の企業の株式は，上記「③個別にかつ企業の他の資源からおおむね独立してリターンを生み出すその他の資産」に該当すると考えられる。このため，当該株式から生じる受取配当金はP/Lの投資区分に含まれることとなる。

日本企業の中には，取引先との関係構築や維持等を目的とする，いわゆる「政策保有株式」や「持合株式」を保有している企業がみられるが，主要な事業活動として投資を行っていない企業の場合，このような株式についても同様に受取配当金はP/Lの投資区分に含まれることとなると考えられる。

③ 財務区分
a．関連する負債の識別

財務区分に含まれる収益および費用を決定するにあたっては，まず以下の2種類の負債を区別する必要がある（IFRS第18号59項）。

---
① 資金の調達のみを伴う取引から生じる負債
② その他の負債，すなわち，資金の調達のみを伴うものではない取引から生じる負債
---

b．資金の調達のみを伴う取引から生じる負債

①における資金の調達のみを伴う取引とは，企業が現金の受取，金融負債の消滅または自社の資本性金融商品の受取のいずれかの形式でファイナンスを受け，後日現金または自社の資本性金融商品を引き渡す取引である（IFRS第18号B50項）。このような取引から生じる負債とは，例えば以下のようなものが挙げられる（IFRS第18号B51項）。

● 現金で決済される負債性金融商品（無担保社債，借入金，手形，担保付社債，抵当権付借入など）……企業は現金を受け取り，現金を引き渡す。
● 財やサービスにかかる債務の認識が中止される際のサプライヤー・ファ

イナンス契約に基づく負債（第7章（4）④参照）……企業は負債（仕入債務）から解放され，現金を引き渡す。
- 自社の株式で決済される社債……企業は現金を受け取り，自社の資本性金融商品を引き渡す。
- 自社の資本性金融商品を購入する義務……企業は自社の資本性金融商品を受け取り，現金を引き渡す。

このような「①資金の調達のみを伴う取引から生じる負債」に関しては，以下の収益および費用を財務区分に含める（IFRS第18号60項）。

- 負債の当初認識および事後測定から生じる収益および費用（負債の認識中止時に生じる収益および費用を含む）
- 負債の発行および消滅に直接起因する増分費用（取引コストなど）

具体的には，借入や社債の利息費用，FVTPLで測定されている負債の公正価値評価損益，負債に分類される株式の支払配当，負債の認識中止にかかる収益および費用などが挙げられる（IFRS第18号B52項）。

c．資金の調達のみを伴うものではない取引から生じる負債

これに対し，②の資金調達のみを伴うものではない取引から生じる負債としては，例えば以下のようなものが挙げられる（IFRS第18号B53項）。

- 現金で決済される財またはサービスの仕入債務……企業は財またはサービスを受け取る。
- 契約負債……企業は財またはサービスを引き渡す。
- リース負債……企業は使用権資産を受け取る。
- 確定給付年金負債……企業は従業員のサービスを受け取る。
- 廃棄または資産の原状回復にかかる引当金……企業は上記ｂで記述した形，すなわち現金の受取，金融負債の消滅または自社の資本性金融商品

> の受取のいずれかの形式でのファイナンスではない資産を受け取る。
> ● 訴訟引当金……企業は上記ｂで述べた形でのファイナンスを受け取らない。

　このような②資金の調達のみを伴うものではない取引から生じる負債に関しては，以下の収益および費用を財務区分に含める（IFRS第18号61項）。

> ● 他のIFRS会計基準を適用して認識する金利収益および金利費用
> ● 他のIFRS会計基準を適用して認識する，金利の変動から生じた収益および費用

　具体的には，仕入債務につきIFRS第9号を適用して認識する金利費用，重大な金融要素を含んだ契約負債につきIFRS第15号「顧客との契約から生じる収益」を適用して認識する金利費用，リース負債につきIFRS第16号「リース」を適用して認識する金利費用，確定給付負債（資産）につきIAS第19号「従業員給付」を適用して認識する利息純額費用（収益），引当金につきIAS第37号「引当金，偶発負債及び偶発資産」を適用して認識する，時の経過から生じた引当金の割引後金額の増加および割引率の変更の影響などが挙げられる（IFRS第18号B54項）。
　②資金の調達のみを伴うものではない取引から生じる負債については，上記以外の収益および費用は財務区分に含めてはならない点は留意が必要である。例えば，購入した財またはサービスの消費に伴う費用，IAS第19号を適用して認識する当期勤務費用および過去勤務費用，企業結合における条件付対価にかかる負債につきIFRS第3号「企業結合」を適用して認識する公正価値の再評価損益などは上記の定義を満たさないため，財務区分に含めることはできず，営業区分に含めることとなる（IFRS第18号B55項）。
　つまり，②資金の調達のみを伴うものではない取引から生じる負債については，同一の負債から生じた収益および費用の一部を営業区分に，一部を財務区分に含めなければならない場合が出てくる。ただし，特定の負債について，関

連するIFRS会計基準の要求を越えて追加的な収益および費用の分解が求められているわけではなく，当該IFRS会計基準の要求事項を適用して識別する金利収益および費用に関してのみ，上記要求事項が適用される。例えば，IAS第37号を適用して認識した長期の引当金については，割引の定期的な巻戻しおよび割引率の変更の影響は財務区分に，引当金を決済するために要求される支出の最善の見積りの変更の影響は営業区分に含められる。しかしながら，IFRS第2号「株式に基づく報酬」は，株式に基づく報酬の負債の帳簿価額の変動から生じた収益および費用を，勤務費用，利息費用およびその他の変動についての内訳項目に分解することを要求していないため，企業は当該負債から生じた収益および費用を分解せずに営業区分に含めることになる（IFRS第18号BC164項～BC168項）。

d．財務区分に含まれる収益および費用のまとめ

以上をまとめると**図表3-3**のようになる。

図表3-3　財務区分に含まれる項目

	もととなる負債	財務区分に含まれる収益および費用	具体例
①	資金の調達のみを伴う取引から生じる負債	●負債の当初認識および事後測定から生じる収益および費用（負債の認識中止時に生じる収益および費用を含む） ●負債の発行および消滅に直接起因する増分費用（取引コストなど）	●借入および社債の金利費用 ●借入および社債の公正価値評価損益
②	資金の調達のみを伴うものではない取引から生じる負債	●他のIFRS会計基準を適用して認識する金利収益および金利費用 ●他のIFRS会計基準を適用して認識する，利率の変動から生じる収益および費用	●リース債務の金利費用 ●年金債務（資産）の利息費用（収益） ●引当金の利息費用

なお、ここでいくつか個別に留意が必要な項目を列挙しておく。まず、IFRS第9号を適用して認識される、発行した有配当投資契約からの収益および費用は、財務区分ではなく営業区分に含める（IFRS第18号64項(a)）。そのような投資契約の例としては、保険者が発行した有配当投資契約のうちIFRS第17号「保険契約」における裁量権付有配当投資契約に該当しないもの、あるいは投資企業が発行した有配当投資契約が挙げられる（IFRS第18号B58項）。

また、IFRS第17号を適用して認識される保険金融収益および費用も、財務区分ではなく営業区分に含める（IFRS第18号64項(b)）。

e．負債である主契約を含んでいる混合契約から生じた収益および費用

負債である主契約を含んでいる混合契約から生じた収益および費用については、判断がやや複雑になる。以下に**図表３−４**としてフローチャートを示しているので、必要に応じてこちらも参照しながらご確認いただきたい。

まず、組込デリバティブが主契約である負債から分離される場合、主契約である負債については上記ａの負債の区分を適用して収益および費用の区分を決定し、組込デリバティブについては、以下⑧で述べるデリバティブから生じる収益および費用の区分を適用する。

一方、組込デリバティブが主契約から分離されず、混合契約が資金の調達のみを伴う取引から生じている場合、上記ｂの「①資金の調達のみを伴う取引から生じる負債」の要求事項を適用して収益および費用の区分を決定する（IFRS第18号B56項(a)(b)）。

上記以外の場合、すなわち組込デリバティブが主契約である負債から分離されず、混合契約が資金の調達のみを伴う取引から生じているのではない場合は、さらに以下の３つのパターンに分けられる（IFRS第18号B56項(c)）。

- 主契約である負債がIFRS第９号の範囲に含まれる償却原価で測定される金融負債である場合

    当初認識後、①資金の調達のみを伴う取引から生じる負債について財務区分に含める収益および費用（すなわち、負債の当初認識および事後測定から生じる収益および費用、ならびに負債の発行および消滅に直接起因する増分費用）を財務区分に含める。

- 主契約がIFRS第17号の範囲に含まれる保険契約である場合

  保険金融収益および費用は営業区分に含め，それ以外の収益および費用は上記の一般的な規定に従う。
- それ以外の場合

  ②資金の調達のみを伴うものではない取引から生じる負債から生じる収益および費用の規定に従う。

以上をまとめると**図表3-4**のようになる。

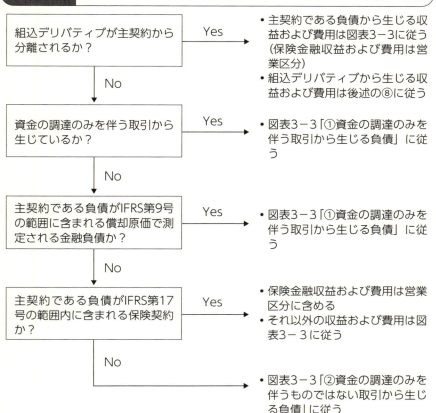

図表3-4 主契約が負債である混合契約から生じる収益および費用の分類

④ 法人所得税区分

IAS第12号「法人所得税」を適用してP/Lに含めている税金費用および税金収益は，法人所得税区分に含める。また，当該税金費用および税金収益に関連する為替差損益も法人所得税区分に含める（IFRS第18号67項）。なお，為替差損益の分類については，後述⑦で詳しく解説する。

上記取扱いは，IAS第1号における取扱いと何ら変更はなく，他の区分とあわせてIFRS第18号で明確に「法人所得税区分」という区分名称が規定されたものである。

⑤ 非継続事業区分

IFRS第5号「売却目的で保有する非流動資産及び非継続事業」を適用して認識される非継続事業からの収益および費用は，非継続事業区分に含める（IFRS第18号68項）。こちらも従来の取扱いから変更はなく，IFRS第18号で明確に「非継続事業区分」という区分名称が規定されたものである。

⑥ 認識の中止および分類の変更

a．認識の中止

ここからは，上述の規定に基づき収益および費用をP/Lの各区分に分類していくに際して，特定の取引に対して提供されているガイダンスを確認していく。まずは資産および負債の認識の中止から生じる収益および費用について見てみよう。

資産の認識中止，または売却目的への分類変更とその後の測定から生じる収益および費用は，当該認識中止または分類変更の直前に資産から生じる収益および費用を分類していたのと同じ区分に分類する。例えば，製造設備の売却損益の分類は，売却の直前まで当該設備から生じる収益および費用（例えば減価償却費）を分類していたのと同じP/L区分，すなわち営業区分に分類する。同様に，主要な事業活動として投資していたのではない投資用不動産の売却から生じる収益および費用は投資区分に分類する。持分法を適用していた関連会社の株式を買増ししたことにより当該被投資会社が子会社に該当することになり，既存保有持分を再測定する場合の評価損益は，持分法投資損益と同じ区分，す

なわち投資区分に分類する（IFRS第18号B60項）。

　負債の認識中止から生じる収益および費用の分類にあたっては，③で解説した**図表3-3**の考え方を適用する。例えば，主要な事業として顧客にファイナンスを提供していない企業は，資金の調達のみを伴う取引から生じた負債の認識中止から生じる収益および費用を財務区分に含める（IFRS第18号B61項）。

b．認識の中止を伴わない分類の変更

　特定の取引または事象の発生により，資産自体の認識は中止されないものの，当該資産から生じる収益および費用のP/L区分が変更される場合がある。このような場合，当該取引または事象の発生に伴う収益および費用は，その発生直前の収益および費用のP/L区分と同じ区分に分類する。例えば，企業が保有している不動産に対してIAS第16号「有形固定資産」を適用し，当該不動産から生じる収益および費用を営業区分に分類しているとする。ある時点でこの資産の用途変更が生じ，企業は当該不動産をIAS第40号「投資不動産」の範囲内の投資不動産に再分類し，以後の関連する収益および費用は投資区分に分類することとなった。この場合，当該再分類に伴う収益および費用は，直前のP/L区分，すなわち営業区分に分類する（IFRS第18号B62項）。

c．資産グループの認識の中止および分類の変更

　上述のような資産の認識中止や分類の変更は，単一の資産もしくは負債ではなく，資産グループ（もしくは資産と負債を含むグループ）を含む場合があり，当該資産グループから生じる収益および費用が当該事象の発生直前に複数のP/L区分に分類されていることがある。このような場合，当該事象の発生直前に，資産グループに含まれる資産から生じる収益が，法人税等の影響を除き，すべて投資区分に分類されていた場合は，当該事象から生じる収益および費用を投資区分に分類する。それ以外のすべての場合は，当該事象から生じる収益および費用を営業区分に分類する（IFRS第18号B63項）。

　例えば，連結子会社の処分を考えてみよう。当該連結子会社の保有している資産の中には，営業区分に分類される収益および費用を生じさせる資産（例えば製造設備）が含まれているとする。この場合，当該連結子会社の処分に伴う

収益および費用(例えば在外営業活動体の為替換算差額を資本からP/Lに振り替える収益および費用)は,営業区分に分類する。もし,処分された連結子会社の保有する資産が投資不動産および関連する税金資産のみであり,連結P/L上当該資産から生じる収益および費用がすべて投資区分に分類されていた場合,当該連結子会社の処分に伴う収益および費用は投資区分に分類する(IFRS第18号B64項)。

⑦ **為替差損益**

為替差損益についても,P/Lの区分を決定するにあたっての個別ガイダンスが提供されている。

IAS第21号「外国為替レート変動の影響」を適用してP/Lに認識される為替差損益は,過大なコストまたは労力を伴う場合を除き,当該為替差損益を生じさせた収益および費用と同じ区分に含める(IFRS第18号B65項)。例えば,関連する収益および費用が営業区分に含まれる財やサービスの提供から生じる資産(売掛金など)が外貨建である場合,当該資産から生じる為替差損益は営業区分に含める。また,現金決済される負債性金融商品(無担保社債,借入金など)が外貨建である場合,当該負債から生じる為替差損益は財務区分に含める(IFRS第18号B66項)。なお,後者の例につき,主要な事業として顧客にファイナンスを提供している場合については後述(5)を参照されたい。

ところで,資金の調達のみを伴うものではない単一の取引から生じる収益および費用が,P/L上複数の区分に含まれる場合がある。例えば,外貨建で与信期間の延長について交渉された取引における財またはサービスの購入においては,企業は財またはサービスの購入にかかる費用を営業区分に含め,金利費用を財務区分に含める場合がある。このような取引から生じる為替差損益の分類を決定する際には,営業区分に含まれる費用と財務区分に含まれる費用のいずれから為替差損益が生じているのかを判断し当該区分に為替差損益を含めなければならない。この場合,為替差損益を複数区分(上記の例であれば営業区分と財務区分)に配分することは認められない。当該判断について,すべての該当する負債から生じる為替差損益につき同様の分類をすることは求められない

が，類似する負債から生じる為替差損益については同一の区分に含める必要がある（IFRS第18号B67項）。

　為替差損益を生じさせた収益および費用と同じ区分への為替差損益の分類，あるいは為替差損益を生じさせた収益および費用が複数の区分に含まれる場合の判断にあたり過大なコストまたは労力を伴う場合，当該為替差損益はすべて営業区分に含める。分類あるいは判断にあたり過大なコストまたは労力を伴うかは，為替差損益を生じさせる項目ごとに判断し，その評価は各項目に関連する事実と状況に特有のものである。ただし，同様の事実と状況が複数の項目に当てはまる場合，当該複数の項目に同様の評価を適用することができる（IFRS第18号B68項）。

> **Plus One Point**
>
> 　IFRS第18号の開発過程においては，当初過大なコストや労力を伴う場合の為替差損益の区分についての規定は含まれていなかった。しかし，公開草案へのコメントにおいて，それを生じさせる収益および費用と同一の区分に為替差損益を含めるという提案事項を適用する際のコストに関する懸念が利害関係者から寄せられた。企業によってはすべての為替差損益を純額で単一の金額として把握している場合があり，すべての為替差損益を単一の区分に含めることを認めるべきではないか，というのが代表的なコメントであった。IASBは為替差損益の原則的な取扱いが一部の企業に大きな適用コストを課すことになる可能性を認め，過大なコストまたは労力を伴う場合には為替差損益を営業区分に含めるという規定を追加した（IFRS第18号BC210項〜BC211項）。
>
> 　なお，過大なコストまたは労力（undue cost or effort）という語は，それ自体明確に定義されてはいないものの，他のIFRS会計基準でも用いられている用語である。例えばIFRS第9号5.5.9項では，金融商品の減損評価に関連して以下のように規定している（下線は筆者）。

> 各報告日において，企業は，金融商品に係る信用リスクが当初認識以降に著しく増大したかどうかを評価しなければならない。（中略）この評価を行うために，企業は，報告日現在での当該金融商品にかかる債務不履行発生のリスクを当初認識日現在での当該金融商品にかかる債務不履行発生のリスクと比較し，当初認識以降の信用リスクの著しい増大を示す，<u>過大なコストや労力</u>をかけずに利用可能な合理的で裏付け可能な情報を考慮しなければならない。

　企業がIAS第29号「超インフレ経済下における財務報告」28項を適用して，正味貨幣持高にかかる利得または損失をその他の収益および費用の項目（例えば金利収益および費用ならびに為替差損益）とともに表示している場合がある。企業がそのような表示を行っていない場合，正味貨幣持高にかかる利得または損失は営業区分に含める（IFRS第18号B69項）。

⑧　デリバティブ損益

　続いて，デリバティブ損益のP/Lの区分を決定するにあたってのガイダンスを見てみよう。
　まず，IFRS第9号を適用してヘッジ手段として指定されている金融商品から生じる利益および損失は，当該金融商品を利用して管理されているリスクに影響を受ける収益および費用と同じ区分に含める。ただし，そうすることにより利得および損失をグロスアップ（総額表示）することになってしまう場合には，そのような総額表示は行わず，すべての利得および損失を営業区分に含める（IFRS第18号B70項）。また，ヘッジ手段のうち未指定の部分にかかる損益は指定済みの部分と同じP/L区分に含め，非有効部分の損益は有効部分の損益と同じP/L区分に含める（IFRS第18号B71項）。

　ここで，利得および損失のグロスアップとはどのようなものであろうか。グロスアップが生じうる場合とは，企業が相殺し合うリスクポジションを有する

項目グループのリスクを管理するために当該金融商品を保有しており，当該リスクがP/Lの複数区分の表示科目に影響を与える場合である（IFRS第18号B74項）。例えば，企業が外貨建収益（営業区分）と外貨建支払利息（財務区分）の双方にかかる外貨換算リスクを，単一のデリバティブを用いて管理している場合を考えてみよう。この場合，外貨建収益の為替差額は，外貨建支払利息の為替差額およびデリバティブ損益と相殺される。しかし，収益と支払利息は異なるP/L区分に分類されるため，デリバティブ損益をそれぞれの収益および費用と同じ区分に含めようとすると，それぞれに対応するデリバティブ損益を実際より大きく（すなわちグロスアップして）表示することが必要となる。IFRS第18号はこのようなグロスアップを禁止しており，この場合にはデリバティブ損益をすべて営業区分に含めることとしているのである（IFRS第18号B75項）。

次に，ヘッジ指定はしていないが識別されたリスクの管理目的で使用されているデリバティブから生じる利得および損失は，上記のヘッジ手段として指定されている金融商品から生じる利得および損失と同様に取り扱う。すなわち，当該デリバティブを利用して管理されているリスクに影響を受ける収益および費用と同じ区分に含めるが，それによりグロスアップが必要となる場合にはすべて営業区分に含める。また，当該デリバティブを利用して管理されているリスクに影響を受ける収益および費用と同じ区分への分類が過大なコストまたは労力を要する場合，デリバティブ損益をすべて営業区分に含める（IFRS第18号B72項）。

最後に，識別されたリスクの管理目的で使用されていないデリバティブから生じる利得および損失は，当該デリバティブが資金の調達のみに関連する場合は財務区分（ただし，主要な事業として顧客にファイナンスを提供している企業が関連する損益を営業区分に分類している場合を除く），それ以外の場合は営業区分に分類する。なお，資金の調達のみを伴う取引に関連するデリバティブとしては，例えば発行企業が固定金額の外貨を自社の固定数の資本性金融商品と交換することを認める買建コール・オプションなどが挙げられる（IFRS第18号B73項）。

(4) 主要な事業活動として資産に投資している企業のP/L

① 問題の所在

さて、この節では特定の主要な事業活動を行っている企業の1つ目、主要な事業活動として資産に投資している企業のP/Lについて見ていこう。本章（3）で説明した、特定の主要な事業活動を行っていない企業のP/Lがベースとなる。このベースのP/Lに従った場合、例えば投資不動産会社の主要な事業である投資不動産からの収益および費用が投資区分に含まれることとなってしまう。これは主要な事業活動から生じる収益および費用は営業利益に含まれるはず、という一般的な直感に反するし、IASBとしてもこのような収益および費用を営業利益（すなわち営業区分）に含めるべきと考えた。結果として、主要な事業として資産に投資している企業の場合、以下で説明する特別の規定が適用される。

前提として、本章（3）②で説明したように、特定の主要な事業活動を行っていない企業は、以下の資産から生じる収益および費用をP/Lの投資区分に含める（IFRS第18号53項）。

---
① 関連会社、共同支配企業および非連結子会社への投資
② 現金および現金同等物
③ 個別に企業の他の資源からおおむね独立してリターンを生み出すその他の資産

---

①から③のそれぞれにつき、主要な事業活動として資産に投資を行っている企業の取扱いを確認していこう。

② 関連会社，共同支配企業および非連結子会社への投資

まず「①関連会社，共同支配企業および非連結子会社への投資」（以下「関連会社等への投資」という）だが、企業が当該投資に持分法を適用している場合（IAS第28号16項またはIAS27号10項(c)）、関連する収益および費用は投資区

分に分類する(IFRS第18号55項(a))。これは,当該関連会社等への投資が企業の主要な事業活動として行われているかを問わない。IFRS第18号のもとでは,どのような場合でも持分法を適用している関連会社等への投資から生じる収益および費用(例えば持分法による投資損益)を営業利益に含めることはできず,そのような収益および費用は常に投資区分に含められる。一方,持分法を適用していない場合,主要な事業として投資している関連会社等への投資から生じる収益および費用は営業区分に含める(IFRS第18号55項(b))。主要な事業活動として資産に投資を行っている企業が,主要な事業以外の活動として行っている関連会社等への投資から生じる収益および費用は,投資区分に含まれる。以上をまとめると**図表3－5**のようになる。

図表3－5 「①関連会社等への投資」から生じる収益および費用のP/L区分

【主要な事業活動として資産に投資を行っている企業】

関連会社等への投資は主要な事業活動として行われたか	当該投資の会計処理	収益および費用のP/L区分	【参考】特定の主要な事業活動を行っていない企業のP/L区分
主要な事業活動として行われた投資である	持分法	投資区分	(該当なし)
	持分法以外	営業区分	(該当なし)
主要な事業活動として行われた投資ではない	持分法/持分法以外	投資区分	投資区分

③ 現金および現金同等物への投資

続いて「②現金および現金同等物」への投資である。現金および現金同等物から生じる収益および費用の分類を決定するにあたっては,まず,企業が主要な事業活動として,個別にかつ企業の他の資源からおおむね独立してリターンを生み出す「金融」資産に投資しているかを決定する必要がある。そのような状況に該当する場合,現金および現金同等物から生じる収益および費用は営業区分に含める(IFRS第18号56項(a))。

そのような状況に該当しない場合、さらに企業が主要な事業活動として顧客にファイナンスを提供しているかを決定する。主要な事業活動として顧客にファイナンスを提供している場合は、顧客へのファイナンスの提供に関連する現金および現金同等物から生じる収益および費用は営業区分に含め、それ以外の現金および現金同等物から生じる収益および費用は会計方針の選択として営業区分または投資区分のいずれかに含める（IFRS第18号56項(b)）。この会計方針の選択は、後述の資金調達のみを伴う取引から生じる負債から生じる収益および費用の区分について、顧客にファイナンスを提供している企業に認められる会計方針の選択と整合している必要がある（（5）③b参照）。なお、現金および現金同等物が顧客へのファイナンスの提供に関連するかどうかを判断できない場合は、現金および現金同等物から生じるすべての収益および費用を営業区分に含める（IFRS第18号57項）。

企業が主要な事業活動として、個別に企業の他の資源からおおむね独立してリターンを生み出す金融資産に投資しておらず、顧客にファイナンスも提供していない場合は、現金および現金同等物から生じる収益および費用は投資区分に含める（IFRS第18号56項）。

以上をまとめると**図表３－６**のようになる。

図表３－６　「②現金および現金同等物」から生じる収益および費用のP/L区分

主要な事業活動として、個別に企業の他の資源からおおむね独立してリターンを生み出す金融資産に投資しているか	主要な事業活動として顧客にファイナンスを提供し、現金および現金同等物は顧客へのファイナンスの提供に関連するか	収益および費用のP/L区分	【参考】特定の主要な事業活動を行っていない企業のP/L区分
主要な事業活動として投資している	（判定不要）	営業区分	（該当なし）
主要な事業活動として投資していない	主要な事業活動であり、顧客へのファイナンスの提供に関連する	営業区分	（該当なし）

第3章 純損益計算書（P/L）

主要な事業活動であるが，顧客へのファイナンスの提供に関連しない	営業区分または投資区分	（該当なし）
主要な事業活動であるが，顧客へのファイナンスの提供に関連するか判断できない	営業区分	（該当なし）
主要な事業活動として顧客にファイナンスを提供していない	投資区分	投資区分

④ 個別にかつ企業の他の資源からおおむね独立してリターンを生み出すその他の資産

最後に，「③個別に企業の他の資源からおおむね独立してリターンを生み出すその他の資産」である。企業が主要な事業活動として投資を行っているこのような資産から生じる収益および費用は，営業区分に含める。企業が当該資産に対して主要な事業活動として投資を行っているわけではない場合は，関連する収益および費用は投資区分に含める（IFRS第18号58項）。以上をまとめると**図表3-7**のようになる。

図表3-7 「③個別に企業の他の資源からおおむね独立してリターンを生み出すその他の資産」から生じる収益および費用のP/L区分

【主要な事業活動として資産に投資を行っている企業】

その他の資産への投資は主要な事業活動として行われたか	収益および費用のP/L区分	【参考】特定の主要な事業活動を行っていない企業のP/L区分
主要な事業活動として行われた投資である	営業区分	（該当なし）
主要な事業活動として行われた投資ではない	投資区分	投資区分

以上で述べた規定以外の点については，特定の主要な事業活動を行っていない企業と同様の取扱いとなる。

⑤ P/Lの表示例

主要な事業として資産に投資している企業の一例として，主要な事業として個別にかつ企業の他の資産からおおむね独立してリターンを生み出す金融資産に投資を行っている会社の簡略化されたP/Lの例を**図表３－８**に示す。表示科目名やその粒度は，ポイントを示すための簡便的なものであることに留意され

図表３－８ 主要な事業として個別にかつ企業の他の資産からおおむね独立してリターンを生み出す金融資産に投資している企業のP/L

		20X2年	20X1年	
①	金融商品にかかる投資収益	1,200	1,000	営業区分
②	現金および現金同等物から生じる収益	200	200	
③	その他の営業収益	150	200	
④	金融商品にかかる投資費用	(800)	(750)	
⑤	その他の営業費用	(100)	(180)	
⑥＝①+②+③−④−⑤	**営業利益**	650	470	必須の小計
⑦	持分法投資損益	280	270	投資区分
⑧	投資不動産にかかる投資収益	150	200	
⑨	投資不動産にかかる投資費用	(50)	(100)	
⑩＝⑥+⑦+⑧−⑨	**財務および法人所得税引前純利益**	1,030	840	必須の小計
⑪	財務収益	270	320	財務区分
⑫	財務費用	(300)	(260)	
⑬＝⑩+⑪−⑫	**法人所得税前純利益**	1,000	900	任意の小計
⑭	法人所得税費用	(300)	(270)	法人所得税区分
⑮＝⑬−⑭	**継続事業からの純利益**	700	630	任意の小計
⑯	非継続事業からの損失	(100)	(80)	非継続事業区分
⑰＝⑮−⑯	**純利益**	600	550	必須の小計

たい。

　図表3-8に示されているように，主要な事業として資産に投資している場合，すべての資産から生じる投資収益および投資費用が営業区分に含まれるわけではない。営業区分に含まれるのは，あくまでも主要な事業として投資している資産から生じる収益および費用に限られる。図表3-8は主要な事業として金融資産に投資している企業を前提としており，主要な事業として投資している資産から生じる収益および費用は「①金融商品にかかる投資収益」および「④金融商品にかかる投資費用」として示されている。一方，主要な事業として投資していない非金融商品である投資不動産に係る投資収益および投資費用は，⑧⑨として投資区分に含まれている。

　続いて，主要な事業として金融資産以外の資産（投資不動産）に投資を行っており，かつ，主要な事業として顧客にファイナンスを提供していない企業の例を図表3-9に示す。

図表3-9　主要な事業として個別にかつ企業の他の資産からおおむね独立してリターンを生み出す非金融資産（投資不動産）に投資し，かつ，主要な事業として顧客にファイナンスを提供していない企業のP/L

		20X2年	20X1年	
①	投資不動産にかかる投資収益	1,500	1,200	営業区分
②	その他の営業収益	150	200	
③	投資不動産にかかる投資費用	(1,000)	(800)	
④	その他の営業費用	(100)	(180)	
⑤=①+②-③-④	営業利益	550	420	必須の小計
⑥	持分法投資損益	280	270	投資区分
⑦	現金および現金同等物から生じる収益	200	200	
⑧	金融商品にかかる投資収益	400	190	
⑨	金融商品にかかる投資費用	(200)	(140)	
⑩=⑤+⑥+⑦+⑧-⑨	財務および法人所得税引前純利益	1,230	940	必須の小計

⑪	財務収益	270	320	財務区分
⑫	財務費用	(300)	(260)	
⑬=⑩+⑪-⑫	法人所得税前純利益	1,200	1,000	任意の小計
⑭	法人所得税費用	(360)	(300)	法人所得税区分
⑮=⑬-⑭	継続事業からの純利益	840	700	任意の小計
⑯	非継続事業からの損失	(100)	(80)	非継続事業区分
⑰=⑮-⑯	純利益	740	620	必須の小計

図表3-9では，主要な事業として投資している非金融資産，すなわち投資不動産からの収益および費用は，「①投資不動産にかかる収益」および「③投資不動産にかかる費用」として営業区分に含まれている。また，**図表3-8**では営業区分に含まれていた「⑦現金および現金同等物から生じる収益」が投資区分に含まれている。

(5) 主要な事業活動として顧客にファイナンスを提供している企業のP/L

① 問題の所在

続いて特定の主要な事業活動を行っている企業の2つ目，主要な事業活動として顧客にファイナンスを提供している企業のP/Lについて見ていこう。こちらも本章（4）の主要な事業活動として資産に投資を行っている企業と同様，本章（3）に記載の特定の主要な事業活動を行っていない企業のP/Lがベースとなっている。ベースのP/Lに従った場合，例えば銀行の主要な事業である貸付と密接に関連する資金調達から生じる費用，例えば金利費用が営業区分ではなく財務区分に含まれてしまう。このような問題に対応するため，財務区分に含まれる収益および費用に関して特別の規定が準備されている。

② 現金および現金同等物から生じる収益および費用に関する補足説明

財務区分に関する規定を説明する前に，本章（4）で触れた現金および現金同等物から生じる収益および費用の取扱いについて補足しておきたい。説明の

わかりやすさのため（4）でこのトピックに触れたものの、実は、この取扱いは主要な事業活動として資産に投資を行っていない企業にも同様に当てはまる。**図表３－６**において、**図表３－５**や**図表３－７**と異なり、表のタイトルに【主要な事業活動として資産に投資を行っている企業】と付されていないのも、これを意識してのことである。

現金および現金同等物から生じる収益および費用については、「主要な事業活動として金融資産に投資を行っているか」「主要な事業活動として顧客にファイナンスを提供しているか」の２点が考慮ポイントとなる。例えば、主要な事業活動として、金融資産に投資を行っていないが、顧客にファイナンスを提供している企業（主要な事業活動として金融資産以外の資産に投資を行っているかは問わない）の現金および現金同等物から生じる収益および費用の区分は**図表３－10**のようになるが、これは**図表３－６**の一部分の再掲である。

図表３－10　現金および現金同等物から生じる収益および費用のP/L区分

【主要な事業活動として、金融資産に投資を行っていないが、顧客にファイナンスを提供している企業】

現金および現金同等物は顧客への ファイナンスの提供に関連するか	収益および費用のP/L区分
顧客へのファイナンスの提供に関連する	営業区分
顧客へのファイナンスの提供に関連しない	営業区分または投資区分
顧客へのファイナンスの提供に関連するか判断できない	営業区分

③　資金の調達のみを伴う取引から生じる負債

a．２種類の負債の区別

さて、それでは本題に入ろう。本章（3）③で説明したように、特定の主要な事業活動を行っていない企業は、財務区分に含まれる収益および費用を決定するにあたって、まず以下の２種類の負債を区別する（IFRS第18号59項）。

> ① 資金の調達のみを伴う取引から生じる負債
> ② その他の負債，すなわち，資金の調達のみを伴うものではない取引から生じる負債

そして，「①資金の調達のみを伴う取引から生じる負債」については，負債の当初認識および事後測定から生じる収益および費用，ならびに負債の発行および消滅に直接起因する増分費用を財務区分に含め，「②資金の調達のみを伴うものではない取引から生じる負債」から生じる負債については，他のIFRS会計基準を適用して認識する金利収益および金利費用ならびに金利の変動から生じる収益および費用を財務区分に含める（IFRS第18号60項，61項）。この取扱いは本章（3）③の**図表3－3**にまとめてあるので，必要に応じて参照いただきたい。

b．会計方針の選択における留意点

さて，主要な事業活動として顧客にファイナンスを提供する企業においても，まず上述の「①資金の調達のみを伴う取引から生じる負債」と「②資金の調達のみを伴うものではない取引から生じる負債」を区別する。そして，「①資金の調達のみを伴う取引から生じる負債」が顧客へのファイナンスの提供に関連する場合は，当該負債から生じる収益および費用を営業区分に含め，当該負債が顧客へのファイナンスの提供に関連しない場合は，会計方針の選択により当該負債から生じる収益および費用を営業区分または財務区分のいずれかに含める。この選択は会計方針の選択のため，いずれを選択するかは企業が判断してよいが，上述の現金および現金同等物から生じる収益および費用の区分に関する会計方針の選択と整合していなければならない。すなわち，現金および現金同等物から生じる収益および費用に関して営業区分を選択する場合，ここでも営業区分を選択する必要があり，現金および現金同等物から生じる収益および費用に関して営業区分を選択しない（すなわち投資区分を選択する）場合，ここでも営業区分を選択してはならない（すなわち財務区分を選択する）（IFRS第18号65項）。

> **Plus One Point**
>
> 　この選択は会計方針の選択であり，同一のあるいは類似の取引を行っている企業間で異なるP/L表示が行われる余地を残す要求事項となっている。IASBは，会計方針の選択を認めることで企業間の比較可能性が一部損なわれる可能性を認識していた。可能であれば，顧客へのファイナンスの提供に関連している負債から生じる収益および費用のみを営業区分に分類するほうが，有用な情報が提供されると考えられる。しかし，場合によってはそのような配分は困難であることを勘案し，最終的に会計方針の選択が認められることとなった（IFRS第18号BC185項）。

　企業が会計方針の選択として，顧客へのファイナンスの提供に関連しない資金の調達のみを伴う取引から生じる負債から生じる収益および費用を営業区分に含めることとした場合，結果として資金の調達のみを伴う取引から生じる負債から生じる収益および費用はすべて営業区分に含まれることとなる。この場合，必須の小計である財務および法人所得税前純利益（営業区分および投資区分に含まれる項目の小計）をP/Lに表示してはならない（IFRS第18号73項）。当該小計には資金の調達のみを伴う取引から生じる負債から生じるすべての収益および費用が含まれるにもかかわらず，これを「財務（および法人所得税）前」純利益と称するのは誤解を招く可能性があるためである（IFRS第18号BC189項）。

　一方で企業は，IFRS第18号の一般的な原則に基づき，追加の小計を投資区分の後，すなわち財務区分の直前に表示するかを検討する必要がある（第2章参照）。例えば，営業利益および持分法による投資損益，という項目名の追加の小計の表示が適切である場合があるかもしれない（IFRS第18号73項）。このような追加の小計を表示する場合，当該小計が財務収益および財務費用を含んでいないかのような項目名（例えば，「財務前純利益」）は避ける必要がある（IFRS第18号74項）。

c．資金調達のみを伴う取引から生じる負債から生じる収益および費用のまとめ

ここでいったん，資金の調達のみを伴う取引から生じる負債から生じる収益および費用のP/L区分について**図表3－11**にまとめておこう。

図表3－11 「①資金の調達のみを伴う取引から生じる負債」から生じる収益および費用のP/L区分

【主要な事業活動として顧客にファイナンスを提供している企業】

負債から生じる収益および費用の内容	負債が顧客へのファイナンスの提供に関連するか	収益および費用のP/L区分	【参考】特定の主要な事業活動を行っていない企業のP/L区分
●負債の当初認識および事後測定から生じる収益および費用	関連する	営業区分	財務区分
●負債の発行および消滅に直接起因する増分費用	関連しない	営業区分または財務区分（※）	財務区分
上記以外の収益および費用	(判定不要)	営業区分	営業区分

（※）現金および現金同等物から生じる収益および費用の区分の選択と整合させる。

なお，**図表3－11**の最下段の「上記以外の収益および費用」については，IFRS第18号で明示的に想定されているわけではない。一般的に，資金の調達のみを伴う取引から生じる負債から生じる収益および費用は，負債の当初認識および事後測定から生じるか，あるいは負債の発行および消滅に直接起因する増分費用のいずれかであると考えられる。ただし，もしそのいずれにも該当しないものの資金の調達のみを伴う取引から生じる負債から生じると考えられる収益および費用がある場合には，財務区分に分類する収益および費用の定義を満たさないため，残余としての営業区分に分類することとなる。

④ 資金の調達のみを伴うものではないその他の負債

一方で,「②資金の調達のみを伴うものではない取引から生じる負債」から生じる収益および費用については, 特定の主要な事業活動を行っていない企業と取扱いは同じである。すなわち, 他のIFRS会計基準を適用して認識する金利収益および金利費用, ならびに他のIFRS会計基準を適用して認識する金利の変動から生じる収益および費用は財務区分に含め, それ以外の収益および費用は営業区分に含める（IFRS第18号65項）。こちらも**図表3－12**にまとめておく。

図表3－12 「②資金の調達のみを伴うものではない取引から生じる負債」から生じる収益および費用のP/L区分

【主要な事業活動として顧客にファイナンスを提供している企業】

負債から生じる収益および費用の内容	収益および費用のP/L区分	【参考】特定の主要な事業活動を行っていない企業のP/L区分
● 他のIFRS会計基準を適用して認識する金利収益および金利費用 ● 他のIFRS会計基準を適用して認識する利率の変動から生じる収益および費用	財務区分	財務区分
上記以外の収益および費用	営業区分	営業区分

⑤ P/Lの表示例

以上を考慮した, 主要な事業として顧客にファイナンスを提供している企業のP/Lの例を以下に示す。**図表3－13**が資金の調達のみを伴う取引から生じる負債から生じる収益および費用（借入金の利息費用として表示）をすべて営業区分に含めている例,**図表3－14**がそのような収益および費用のうち顧客へのファイナンスの提供に関連しない部分（顧客へのファイナンスの提供に関連しない借入金の利息費用として表示）は財務区分に含めている例であり, いずれも主要な事業活動として金融資産に投資していない前提である。他の例と同様, 表示科目名やその粒度はポイントを示すための簡便的なものである。

		20X2年	20X1年	
①	利息収益	1,100	1,000	営業区分
②	現金および現金同等物から生じる収益	200	200	
③	その他の営業収益	150	200	
④	借入金の利息費用	(700)	(650)	
⑤	その他の営業費用	(100)	(180)	
⑥=①+②+③-④-⑤	**営業利益**	650	570	必須の小計
⑦	持分法投資損益	280	270	投資区分
⑧=⑥+⑦	**営業利益および持分法投資損益**	930	840	任意の小計
⑨	その他の負債から生じる利息費用	(130)	(140)	財務区分
⑩=⑧+⑨	**法人所得税前純利益**	800	700	任意の小計
⑪	法人所得税費用	(240)	(210)	法人所得税区分
⑫=⑩-⑪	**継続事業からの純利益**	560	490	任意の小計
⑬	非継続事業からの損失	(100)	(80)	非継続事業区分
⑭=⑫-⑬	**純利益**	460	410	必須の小計

図表3-13 主要な事業活動として顧客にファイナンスを提供している企業のP/L（資金の調達のみを伴う取引から生じる負債から生じる収益および費用をすべて営業区分に含めている例）

第3章 純損益計算書（P/L） 85

図表3-14	主要な事業活動として顧客にファイナンスを提供している企業のP/L（資金の調達のみを伴う取引から生じる負債から生じる収益および費用のうち，顧客へのファイナンスの提供に関連しない部分を財務区分に含めている例）

		20X2年	20X1年	
①	利息収益（※）	1,100	1,000	営業区分
②	その他の営業収益	150	200	
③	顧客へのファイナンスの提供に関連する借入金の利息費用	(600)	(560)	
④	その他の営業費用	(100)	(180)	
⑤=①+②-③-④	営業利益	550	460	必須の小計
⑥	持分法投資損益	280	270	投資区分
⑦	顧客へのファイナンスの提供に関連しない現金および現金同等物から生じる収益	200	200	
⑧=⑥+⑦	財務および法人所得税前純利益	1,030	930	必須の小計
⑨	顧客へのファイナンスの提供に関連しない借入金の利息費用	(100)	(90)	財務区分
⑩	その他の負債から生じる利息費用	(130)	(140)	
⑪=⑧+⑨-⑩	法人所得税前純利益	800	700	任意の小計
⑫	法人所得税費用	(240)	(210)	法人所得税区分
⑬=⑪-⑫	継続事業からの純利益	560	490	任意の小計
⑭	非継続事業からの損失	(100)	(80)	非継続事業区分
⑮=⑬-⑭	純利益	460	410	必須の小計

（※）顧客へのファイナンスの提供に関連する現金および現金同等物から生じる利息収益を含む。

(6) 日本基準に基づくP/L表示との比較

① 日本基準に基づくP/LとIFRS第18号のP/L

前節まででIFRS第18号のP/Lの構造を一通り眺めてきた。本節ではIFRS第18号のP/Lの構造と日本基準に基づくP/L表示の構造との比較を試みてみたい。当然のことながら、日本基準とIFRS会計基準との相違点は表示のみにあるのではなく、そのベースとなる各財務諸表項目の認識、測定においても存在する。しかしここでは認識、測定の相違はいったんないものとして考え、日本基準の一部を構成する「連結財務諸表の用語、様式及び作成方法に関する規則」（以下「連結財規」という）の様式第5号に基づくP/Lを、表示形式のみIFRS第18号に置き換えるとどのようになりうるか、という一例を示す。

以下はあくまでも簡略化された、頭の体操のような開示例であり、実際に日本基準のP/Lがこのように変換されるということを示しているわけではない点は十分に留意されたい。以下の例は対象企業が「財務諸表等の用語、様式及び作成方法に関する規則」（以下「財規」という）の第2条に定める別記事業ではないことを前提としているが、例えば主要な事業活動として顧客にファイナンスを提供している企業の典型例である銀行は、財規の別記事業に該当する。このため、実際には銀行は連結財規様式第5号に基づくP/Lを作成しないが、以下ではこの点を無視して比較を行っている。また、P/Lに表示している項目は連結財規様式第5号をベースにしているが、明確化のため1つの項目をさらに分解したり、複数の項目を集約したり、項目名を修正したりした項目もある。なお、共通の数値を異なる事業活動を実施する企業に当てはめて作成されている例であるため、個々のP/Lで見ると金額規模に現実味がないと感じられる項目もあると思うが、あくまでも各項目の区分を示すための例であるため、この点はご容赦いただけると幸いである。作成にあたって使用した仮定は（注）として記載しているが、すべての仮定を網羅的に記載しているわけではない。

まず、ベースとなる連結財規様式第5号ベースのP/Lを**図表3-15**の左半分に示す。右半分には、IFRS第18号に基づくP/Lにおける各計上区分の例を記載している。以下**図表3-16**～**図表3-20**において、この計上区分に基づく

P/Lの例を示している。いずれの例においても、表示科目やその集約・区分の粒度はポイントを示すための簡便的ないし便宜的なものである。

② 特定の主要な事業活動を行っていない企業

図表3－15のP/LがIFRS第18号ベースではどのように表示されうるかは、当該企業の主要な事業活動により異なる。当該企業が特定の主要な事業活動を行っていない場合（本章（3）参照）、**図表3－16**に示すようなP/Lの例が考えられる。

この**図表3－16**のP/Lと、**図表3－15**の日本基準のP/Lとの差を確認しておこう。IFRS会計基準では通常左側に当期、右側に比較年度を記載するため、**図表3－16**でもこれに倣っているが、この配置は必須ではない。右端の区分名および小計に関する説明は、わかりやすさのために記載しているもので、実際のP/Lには表示されない。

日本基準で表示されていた営業外損益および特別損益の区分および小計はIFRS会計基準では表示されず、日本基準における特別損益項目は、**図表3－16**ではすべて営業区分に含まれて営業利益に影響を与えている。日本基準における営業外項目は、**図表3－16**では性質により投資区分または財務区分に含まれている。この結果、営業利益の金額は日本基準と**図表3－16**で異なるが、法人所得税前純利益（**図表3－15**の日本基準では税金等調整前当期純利益）およびその下の項目は両者で一致している。

図表3－15　日本基準（連結財規様式第5号）に基づくP/Lの例

日本基準（連結財規様式第5号）に基づくP/Lの例

	20X1年	20X2年
売上高	1,300	1,400
売上原価	(500)	(550)
売上総利益	800	850
販売費および一般管理費		
販売費（※1）	(200)	(280)
一般管理費（※1）	(150)	(160)
販売費および一般管理費合計	(350)	(440)
営業利益	450	410
営業外収益		
現金および現金同等物の受取利息（※1）	30	50
その他の受取利息（※1）	470	550
受取配当金	450	480
有価証券売却益	200	150
持分法による投資利益	380	400
営業外収益合計	1,530	1,630
営業外費用		
支払利息（※2）	(400)	(500)
有価証券売却損	(50)	(80)
持分法による投資損失	(180)	(130)
営業外費用合計	(630)	(710)
経常利益	1,350	1,330
特別利益		
固定資産売却益	90	100
投資不動産売却益（※1）	120	90
負ののれん発生益	110	150
特別利益合計	320	340
特別損失		
固定資産売却損	(50)	(30)
減損損失	(120)	(200)
災害による損失	(300)	(40)
特別損失合計	(470)	(270)
税金等調整前当期純利益	1,200	1,400
法人税，住民税及び事業税	(400)	(500)
法人税等調整額	40	80
法人税等合計	(360)	(420)
当期純利益	840	980

（※1）様式第5号に追加・修正
（※2）すべて資金の調達のみを伴う取引から生じる負債から生じると仮定
（※3）主要な事業活動として投資している資産に関連するものと仮定

第3章 純損益計算書（P/L） 89

IFRS第18号に基づくP/Lにおける計上区分の例

① 特定の主要な事業活動を行っていない企業 (図表3-16)	② 主要な事業活動として金融資産に投資している企業 (図表3-17)	③ 主要な事業活動として非金融資産に投資している企業 (図表3-18)	④ 主要な事業活動として顧客にファイナンスを提供している企業	
			(図表3-19)	(図表3-20)
営業	営業	営業	営業	営業
営業	営業	営業	営業	営業
任意の小計	任意の小計	任意の小計	任意の小計	任意の小計
営業	営業	営業	営業	営業
営業	営業	営業	営業	営業
任意の小計	任意の小計	任意の小計	任意の小計	任意の小計
必須の小計	必須の小計	必須の小計	必須の小計	必須の小計
投資	営業	投資	すべて営業	営業および投資
投資	営業（※3）	投資	営業（※4）	営業（※4）
投資	営業（※3）	投資	投資	投資
投資	営業（※3）	投資	投資	投資
投資	投資	投資	投資	投資
（※5）	（※5）	（※5）	（※5）	（※5）
財務	財務	財務	すべて営業	営業および財務
投資	営業（※3）	投資	投資	投資
投資	投資	投資	投資	投資
（※5）	（※5）	（※5）	（※5）	（※5）
（※5）	（※5）	（※5）	（※5）	（※5）
営業（※6）	営業（※6）	営業（※6）	営業（※6）	営業（※6）
投資	投資	営業（※3）	投資	投資
営業	営業	営業	営業	営業
（※5）	（※5）	（※5）	（※5）	（※5）
営業（※6）	営業（※6）	営業（※6）	営業（※6）	営業（※6）
営業（※6）	営業（※6）	営業（※6）	営業（※6）	営業（※6）
営業	営業	営業	営業	営業
（※5）	（※5）	（※5）	（※5）	（※5）
任意の小計	任意の小計	任意の小計	任意の小計	任意の小計
任意の小計	任意の小計	任意の小計	任意の小計	任意の小計
必須の小計	必須の小計	必須の小計	必須の小計	必須の小計

（※4）顧客へのファイナンスの提供に関連するものと仮定
（※5）IFRS会計基準では該当する概念がなく，通常任意の小計としても表示できない
（※6）通常の営業において使用する固定資産から生じていると仮定

図表3−16 「①特定の主要な事業活動を行っていない企業」のP/Lの例

	20X2年	20X1年	
売上高	1,400	1,300	
売上原価	(550)	(500)	
売上総利益	**850**	**800**	
販売費	(280)	(200)	
一般管理費	(160)	(150)	
販売費および一般管理費合計	(440)	(350)	営業区分
固定資産売却損益	70	40	
減損損失	(200)	(120)	
災害による損失	(40)	(300)	
負ののれん発生益	150	110	
営業利益	390	180	必須の小計
現金および現金同等物の受取利息	50	30	
その他の受取利息	550	470	
受取配当金	480	450	投資区分
有価証券売却損益	70	150	
投資不動産売却益	90	120	
持分法による投資損益	270	200	
財務および法人所得税前純利益	1,900	1,600	必須の小計
支払利息	(500)	(400)	財務区分
法人所得税前純利益	**1,400**	**1,200**	任意の小計
法人税,住民税及び事業税	(500)	(400)	
法人税等調整額	80	40	法人所得税区分
法人所得税費用	(420)	(360)	
純利益	980	840	必須の小計

③ 主要な事業活動として金融資産に投資を行っている企業

続いて,当該企業が主要な事業活動として金融資産に投資を行っている場合(本章(4)参照)の例を**図表3−17**で見てみよう。

図表3-17 「②主要な事業活動として金融資産に投資している企業」のP/Lの例

	20X2年	20X1年	
売上高	1,400	1,300	
売上原価	(550)	(500)	
売上総利益	850	800	
販売費	(280)	(200)	
一般管理費	(160)	(150)	
販売費および一般管理費合計	(440)	(350)	
現金および現金同等物の受取利息	50	30	営業区分
その他の受取利息	550	470	
受取配当金	480	450	
有価証券売却損益	70	150	
固定資産売却損益	160	160	
減損損失	(200)	(120)	
災害による損失	(40)	(300)	
負ののれん発生益	150	110	
営業利益	1,630	1,400	必須の小計
持分法による投資損益	270	200	投資区分
財務および法人所得税前純利益	1,900	1,600	必須の小計
支払利息	(500)	(400)	財務区分
法人所得税前純利益	1,400	1,200	任意の小計
法人税, 住民税及び事業税	(500)	(400)	
法人税等調整額	80	40	法人所得税区分
法人所得税費用	(420)	(360)	
純利益	980	840	必須の小計

　表示年度の左右および右端の区分の表示については**図表3-16**と同様である。それに加え，**図表3-15**の日本基準では営業外損益に含まれていたその他の受取利息，受取配当金，有価証券売却損益が，主要な事業活動として投資している金融資産に関連しているとの仮定のもと，営業区分に含まれている。主要な事業活動として金融資産に投資しているため，本章（4）③で説明した

ように，現金および現金同等物の受取利息も営業区分に含まれている。一方，持分法による投資損益については，**図表３－16**と同様，投資区分に含まれている。

④ 主要な事業活動として非金融資産に投資を行っている企業

続いては，主要な事業活動として非金融資産，ここでは投資不動産に投資を行っている場合（本章（4）参照）の例を**図表３－18**に示す。前提として，当該企業は主要な事業活動として金融資産には投資を行っていない。

図表３－18　「③主要な事業活動として非金融資産（投資不動産）に投資している企業」のP/Lの例

	20X2年	20X1年	
売上高	1,400	1,300	
売上原価	(550)	(500)	
売上総利益	850	800	
販売費	(280)	(200)	
一般管理費	(160)	(150)	
販売費および一般管理費合計	(440)	(350)	営業区分
投資不動産売却益	90	120	
固定資産売却損益	70	40	
減損損失	(200)	(120)	
災害による損失	(40)	(300)	
負ののれん発生益	150	110	
営業利益	480	300	必須の小計
現金および現金同等物の受取利息	50	30	
その他の受取利息	550	470	
受取配当金	480	450	投資区分
有価証券売却損益	70	150	
持分法による投資損益	270	200	
財務および法人所得税前純利益	1,900	1,600	必須の小計
支払利息	(500)	(400)	財務区分
法人所得税前純利益	1,400	1,200	任意の小計

法人税，住民税及び事業税	(500)	(400)	法人所得税区分
法人税等調整額	80	40	
法人所得税費用	(420)	(360)	
純利益	980	840	必須の小計

⑤ 主要な事業活動として顧客にファイナンスを提供している企業

次は当該企業が主要な事業活動として顧客にファイナンスを提供している場合（本章（5）参照）の例である。このような企業は会計方針の選択の余地があるため，2パターンの例を見てみたい。まずは，資金の調達のみを伴う取引から生じる負債から生じる収益および費用をすべて営業区分に含めている場合のP/Lの例を**図表3－19**で見てみよう。

図表3－19　「④主要な事業活動として顧客にファイナンスを提供している企業」のP/Lの例1

a．資金の調達のみを伴う取引から生じる負債から生じる収益および費用をすべて営業区分に含めている例

	20X2年	20X1年	
売上高	1,400	1,300	
売上原価	(550)	(500)	
売上総利益	**850**	**800**	
販売費	(280)	(200)	
一般管理費	(160)	(150)	
販売費および一般管理費合計	(440)	(350)	
現金および現金同等物の受取利息	50	30	営業区分
その他の受取利息	550	470	
支払利息	(500)	(400)	
固定資産売却損益	70	40	
減損損失	(200)	(120)	
災害による損失	(40)	(300)	
負ののれん発生益	150	110	
営業利益	490	280	必須の小計

受取配当金	480	450	投資区分
有価証券売却損益	70	150	
投資不動産売却益	90	120	
持分法による投資損益	270	200	
法人所得税前純利益	1,400	1,200	任意の小計
法人税，住民税及び事業税	(500)	(400)	法人所得税区分
法人税等調整額	80	40	
法人所得税費用	(420)	(360)	
純利益	980	840	必須の小計

　現金および現金同等物の受取利息，その他の受取利息，支払利息がいずれも全額営業区分に含まれている。**図表３－16**から**図表３－18**で表示されていた必須の小計である財務および法人所得税前純利益は表示されていない。

　最後に，資金調達のみを伴う取引から生じる負債から生じる収益および費用のうち，顧客へのファイナンスの提供に関連しない部分を財務区分に含めている例を**図表３－20**で確認しておこう。

> 図表３－20　「④主要な事業活動として顧客にファイナンスを提供している企業」のP/Lの例２

b．資金の調達のみを伴う取引から生じる負債から生じる収益および費用のうち，顧客へのファイナンスの提供に関連しない部分を財務区分に含めている例

	20X2年	20X1年	
売上高	1,400	1,300	
売上原価	(550)	(500)	
売上総利益	850	800	
販売費	(280)	(200)	
一般管理費	(160)	(150)	営業区分
販売費および一般管理費合計	(440)	(350)	
現金および現金同等物の受取利息（※１）	20	10	
その他の受取利息	550	470	
支払利息（※１）	(300)	(250)	

固定資産売却損益	70	40	
減損損失	(200)	(120)	
災害による損失	(40)	(300)	
負ののれん発生益	150	110	
営業利益	**660**	**410**	必須の小計
現金および現金同等物の受取利息（※2）	30	20	投資区分
受取配当金	480	450	
有価証券売却損益	70	150	
投資不動産売却益	90	120	
持分法による投資損益	270	200	
財務および法人所得税前純利益	**1,600**	**1,350**	必須の小計
支払利息（※2）	(200)	(150)	財務区分
法人所得税前純利益	**1,400**	**1,200**	任意の小計
法人税，住民税及び事業税	(500)	(400)	法人所得税区分
法人税等調整額	80	40	
法人所得税費用	(420)	(360)	
純利益	**980**	**840**	必須の小計

（※1）顧客へのファイナンスの提供に関連する部分
（※2）顧客へのファイナンスの提供に関連しない部分

図表3−19との相違点は，（※1）（※2）でも示されているように，現金および現金同等物の受取利息，ならびに支払利息のうち，顧客へのファイナンスの提供に関連する部分のみが営業区分に含まれ，顧客へのファイナンスの提供に関連しない部分は投資区分および財務区分に含まれている点である。**図表3−19**では表示されていなかった必須の小計である財務および法人所得税前純利益も表示されている。

⑥ パターンごとの小計の金額の比較

これらの例を見ていただくとわかるように，主要な事業活動によりP/Lの見え方が大きく変わり，各段階の利益の金額にも影響がある。参考までに**図表3−15**から**図表3−20**における各小計の金額をまとめてみると**図表3−21**になる。

| 図表3-21 | 図表3-15～図表3-20における小計の金額 |

20X1年	日本基準	① 特定の主要な事業活動を行っていない企業
	(図表3-15)	(図表3-16)
営業利益	450	180
経常利益	1,350	―
財務および法人所得税前純利益	―	1,600
法人所得税前純利益	1,200	1,200
純利益	840	840

20X2年	日本基準	① 特定の主要な事業活動を行っていない企業
	(図表3-15)	(図表3-16)
営業利益	410	390
経常利益	1,330	―
財務および法人所得税前純利益	―	1,900
法人所得税前純利益	1,400	1,400
純利益	980	980

　例えば，20X2年の営業利益の数値を見てみよう。日本基準に基づいたP/Lの営業利益は410であるが，IFRS第18号に従って表示したP/Lのうち「①特定の主要な事業活動を行っていない企業」の場合390と，日本基準とそれほど差がない。これに対し，「②主要な事業活動として金融資産に投資している企業」の営業利益は1,630で，「①特定の主要な事業活動を行っていない企業」の場合と比べて4倍以上の開きが出ている。ただし，いわずもがなであるが，これはあくまでも今回の簡略化された数値と仮定に基づいた結果であり，実務上どのようなケースでどの程度の影響が出うるのかは個々の企業の状況により異なるのは当然である。

② 主要な事業活動として金融資産に投資している企業	③ 主要な事業活動として非金融資産に投資している企業	④ 主要な事業活動として顧客にファイナンスを提供している企業	
(図表3-17)	(図表3-18)	(図表3-19)	(図表3-20)
1,400	300	280	410
—	—	—	—
1,600	1,600	—	1,350
1,200	1,200	1,200	1,200
840	840	840	840

② 主要な事業活動として金融資産に投資している企業	③ 主要な事業活動として非金融資産に投資している企業	④ 主要な事業活動として顧客にファイナンスを提供している企業	
(図表3-17)	(図表3-18)	(図表3-19)	(図表3-20)
1,630	480	490	660
—	—	—	—
1,900	1,900	—	1,600
1,400	1,400	1,400	1,400
980	980	980	980

(7) P/Lで独立表示すべき科目

さてここからは，P/Lの構造からは少し離れて，P/L本表または注記のいずれかで提供すべき情報について見ていこう。まずはP/Lの表示科目である。企業は以下の科目をP/Lに表示することが求められている（IFRS第18号75項）。

a．IFRS第18号で要求されている以下の金額
- 収益
- 営業費用

- 持分法を用いて会計処理される関連会社および共同支配企業の純損益に対する持分相当額
- 法人所得税費用または法人所得税収益
- 非継続事業の合計額に関する単一の金額（IFRS第5号参照）

b．IFRS第9号で要求されている以下の金額
- 実効金利法を用いて計算した金利収益
- 減損損失（IFRS第9号セクション5.5に従って算定したもの，減損損失の戻入および減損利得を含む）
- 償却原価で測定する金融資産の認識の中止により生じた利得および損失
- 償却原価からFVTPLで測定への分類変更日における金融資産の公正価値と従前の償却原価との差額から生じた利得または損失
- その他の包括利益を通じて公正価値（FVTOCI）で測定からFVTPLで測定への分類変更日における，過去にOCIに認識した利益または損失の累計額のうち純損益に振り替えるもの

c．IFRS第17号で要求されている以下の金額
- 保険収益（他の収益と区分して表示）
- 保険サービス費用（IFRS第17号の範囲に含まれる発行した契約から生じたもの）
- 保有している再保険契約から生じた収益または費用
- 保険金融収益または費用（IFRS第17号の範囲に含まれる発行した契約から生じたもの）
- 保有している再保険契約から生じた金融収益または金融費用

　この項目のリストは，P/Lにこれらを表示すればその有用性が保証されるといった類のものではない。これらは最低限要求される科目であり，企業は自社の事業活動や集約および分解の原則（第2章参照）に照らし，財務諸表利用者にとって有用な科目を表示する必要がある。また，第2章でも述べたように，ここに列挙されている項目に重要性がない場合，この要求事項にかかわらず，

当該項目をP/Lに独立科目として表示する必要はない。

なお、上述の特定の科目をP/Lに表示するにあたり、場合によっては1つの項目が2つ以上のP/L区分に分解して表示されることもある点は留意すべきである。例えば、特定の主要な事業活動を行っていない企業は、IFRS第9号のセクション5.5に従って算出した減損損失のうち、営業債権にかかるものを営業区分に分類し、個別にかつ企業の他の資源からおおむね独立してリターンを生み出す金融資産（例えば貸付金）にかかるものを投資区分に分類することになるであろう（IFRS第18号B77項）。

> **Plus One Point**
>
> 　上述の項目の大部分はIAS第1号から引き継がれた要求事項であるが、以下の2点はIFRS第18号により導入された変更点である。
> - 営業費用の追加
> - 金融費用の削除
>
> 　いずれも、これまで解説してきたP/Lの区分、および各区分に分類される収益および費用の定義の導入による追加または削除である。例えば、IAS第1号では金融費用の定義が明確ではなかったが、IFRS第18号では財務区分が新たに設けられ、財務区分に分類すべき収益および費用が明確化されたため、要求事項から金融費用が削除されることとなった（IFRS第18号BC242項）。

　第2章でも見たように、P/Lに追加の科目を表示することが企業の収益および費用の有用な体系化された要約を提供するのに必要な場合、企業はそのような追加の科目を表示する必要がある。追加の科目を表示するか、あるいは上述の必須の表示項目をさらに分解する必要があるかを決定するには、判断を要する。そのような判断においては、項目が共有されている特徴（類似する特徴）を有しているのか、共有されていない特徴（異質な特徴）を有しているのかを評価する。そのような特徴には、収益および費用の性質、企業の事業活動の中での機能、持続性、測定基礎、測定の不確実性もしくは結果の不確実性、規模、

地域または規制環境,税金への影響,取引または事象の当初認識時に生じるものかあるいは取引または事象に関する見積りのその後の変更から生じるものかなどが含まれる(IFRS第18号B78項)。例えば以下のような収益および費用は,他と十分に異なる特徴を有し,P/Lまたは注記で情報を提供することが必要となる可能性がある(IFRS第18号B79項)。

> a. 棚卸資産の評価減およびその戻入
> b. 有形固定資産の減損損失およびその戻入
> c. リストラクチャリングから生じた収益および費用,リストラクチャリング引当金の戻入
> d. 有形固定資産の処分から生じた収益および費用
> e. 投資の処分から生じた収益および費用
> f. 訴訟の解決から生じた収益および費用
> g. 引当金の戻入
> h. その他の経常的でない収益および費用

また,P/Lのすべての区分の外で,当期の純損益の非支配持分および親会社の所有者に帰属する配分を表示する必要がある(IFRS第18号76項)。なお,本章のP/Lの表示例においては,この配分の記載は省略している。

(8) 営業費用の表示および開示

① 費用性質法と費用機能法

続いて,営業区分に分類される費用,すなわち営業費用自体の分類について解説したい。営業費用自体を分類する方法は2種類あり,ここではそれぞれ費用性質法と費用機能法と呼ぶこととする。

費用性質法とは,文字どおり費用の性質を用いて営業費用を分類する方法であり,この方法を用いて分類された費用は性質別費用と呼ばれる。この方法を用いる場合,企業の活動を達成するために費消された経済的資源の性質に関連する情報が提供される。例えば,原材料費,従業員給付費用,減価償却費,償

却費などは性質別費用の例であり，費消された経済的資源の性質に関連する情報を提供している（IFRS第18号80項）。

これに対して費用機能法とは，企業内での当該費用の機能に基づき営業費用を分類する方法である。この方法を用いる場合，費消された資源が関連している活動に応じて営業費用を配分および集約する。例えば，売上原価や研究開発費は，費消された資源の性質を表しているわけではなく，関連する活動に応じて性質別の費用（例えば従業員給付や減価償却費）が配分されており，機能別に分類した費用の一例である（IFRS第18号81項）。

企業は，上記の方法のいずれか，または両方を用いて，費用の最も有用な体系化された要約を提供する方法で営業費用を分類し表示しなければならない（IFRS第18号78項）。P/Lに表示される個々の科目は，これらのいずれかの方法にのみ基づいて集約されている必要があるが，すべての科目が同じ方法で集約されている必要はない（IFRS第18号79項）。つまり，P/L上，一部の営業費用を性質別で表示し，他の営業費用を機能別で表示することができる。このような混合表示の一例を**図表３－22**に示した。

図表３－22　P/Lの混合表示の例（営業区分のみ）

	20X2年	20X1年	
売上高	1,200	1,000	
売上原価	(550)	(450)	機能別費用
売上総利益	**650**	**550**	
販売費	(150)	(130)	機能別費用
一般管理費	(100)	(100)	機能別費用
のれん減損損失	(300)	－	性質別費用
営業利益	**100**	**320**	

Plus One Point

　営業費用の性質別または機能別の分類は，IAS第１号においても存在していた概念である。IAS第１号では費用性質法または費用機能法のうち，「信

頼性が高く関連性がより高い情報を提供する方を用いて表示しなければならない」（IAS第1号99項）と規定されており，いずれか一方の方法を採用することが想定されていたものと考えられる。

これに対しIFRS第18号では，上述のとおり明示的に性質別費用と機能別費用をP/Lにおいて混合表示することが認められている。IFRS第18号の開発過程においては，以下のような利害関係者からのフィードバックが考慮された（IFRS第18号BC251項）。

- 企業が2種類の主要な事業活動を有している場合，混合表示が最も有用な情報を提供する可能性がある。
- 有形固定資産の大幅な減損を認識した製造会社が，費用を機能別に分類していた場合には，減損損失をP/Lに区分して表示することができない。
- 一般的に費用を機能別に分類することが最も有用な情報を提供すると企業が結論を下す場合でも，恣意的でない方法で各機能に配分することが困難な一部の営業費用（例えばのれんの減損）がある可能性がある。

それでは，費用の最も有用な体系化された要約を提供する方法はどのように決定すればよいのだろうか。その決定にあたっては，以下を検討することが必要になる（IFRS第18号B80項）。

---

a．どのような科目が，企業の収益性の主要な構成要素または決定要因に関する最も有用な情報を提供するか
b．どのような科目が，事業の管理方法および経営者の内部報告を最も綿密に表すか
c．標準的な業界の実務
d．特定の費用の各機能への配分の恣意性の程度

これらの検討項目について，少し説明を補足しておこう。aに関して，例えば小売業にとって，収益性の主要な構成要素または決定要因が売上原価である場合がある。つまり，売上原価をP/Lで表示することにより，商品の販売収益

で直接費が回収できているか、およびどのようなマージンで回収しているか、といった情報を提供することができる。一方、一部のサービス業にとっては、従業員給付など性質別費用の情報のほうが、収益性の主要な決定要因に関する関連性の高い情報を提供する場合がある。

また、bに関して、例えば主要な機能に基づいて管理されている製造業の企業は、内部報告目的で費用を機能別に分類しているかもしれないし、顧客へのファイナンスの提供という単一の支配的な機能を有している金融機関は、内部報告目的で費用を性質別に分類しているかもしれない。

cに関しては、ある業界の企業が費用を同じ方法で分類している場合、財務諸表利用者は同じ業界の企業間で費用をより容易に比較できるようになると考えられる。

dに関しては、表示される科目が当該各機能の忠実な表現を提供しなくなる程度まで、特定の費用の各機能への配分が恣意的となるような場合には、これらの費用は性質別に分類されるべきである。

> **Plus One Point**
>
> 　実務上、販売費および一般管理費を単一の科目としてP/L表示している日本企業は多い。IFRS第18号では、販売費と管理費は異質な特徴を有しているため、P/Lで分解して別々の科目に表示することが、有用な体系化された要約を提供するために必要である場合があると述べている（IFRS第18号B85項）。また、このような分解が有用な体系化された要約を提供するために必要ではないと企業が判断した場合、P/Lでは単一の科目として表示し、注記で情報をさらに分解する必要があるかを検討することとなる。

② P/Lで機能別費用を1つ以上表示する場合

さて、上記の検討の結果、企業がP/Lに機能別に分類した費用を1つ以上表示する場合、何点か留意すべき事項がある。まず、売上原価の機能に費用を分類する場合、売上原価はP/L上独立の科目として表示し、その中には販売された原価に加え、棚卸資産の製造原価のうち未配賦製造間接費および異常発生額

を含める(IFRS第18号82項(a), IAS第2号「棚卸資産」38項)。また，機能別の各項目にどのような性質の費用を含めているかの定性的な情報を注記で開示する(IFRS第18号82項(b))。さらに，単一の注記において以下を開示する(IFRS第18号83項)。

> a．減価償却，償却，従業員給付，減損損失およびその戻入，棚卸資産の評価減およびその戻入のそれぞれの合計額（いずれも特定のIFRS会計基準の特定の項で規定されているもの）
> b．aに列挙した合計額のそれぞれについて，営業区分の各科目に関連する金額，および営業区分外の科目のうち関連する金額を含んでいる科目の一覧表

この単一の注記のうち，aおよびbの営業区分の各科目に関連する金額に対応する開示例を**図表3－23**に示す。なお，単一の注記，というのは，上記の情報をまとめて1つの注記として開示する，という意味である。したがって例えば，上記の情報の一部は有形固定資産注記に含めて開示し，一部は棚卸資産注記に含めて開示する，といったように，財務諸表内の別々の個所に情報を開示することは認められない。

図表3－23　営業費用の性質別分類の開示例

性質別費用	P/L科目	20X2年	20X1年
減価償却	売上原価	1,200	1,100
	一般管理費	300	250
	研究開発費	400	300
	（減価償却計）	1,900	1,650
償　却	売上原価	250	250
	研究開発費	650	500
	（償却計）	900	750

従業員給付	売上原価	1,500	1,600
	販売費	1,000	1,100
	一般管理費	400	450
	研究開発費	100	50
	（従業員給付計）	3,000	3,200
減損損失および戻入	売上原価	550	−
	（減損損失および戻入計）	550	−
棚卸資産評価減および戻入	売上原価	200	300
	（棚卸資産評価減および戻入計）	200	300

なお，営業費用の性質別分類の開示に関しては，たとえ重要性があったとしても上記の5項目以外の性質別費用に関する開示が免除されている（IFRS第18号84項）。

> **Plus One Point**
>
> 　営業費用の性質別分類の注記に関しては，IAS第1号でも「費用を機能別に分類している企業は，減価償却費，償却費，従業員給付費用などの費用の内容に関して，追加情報を開示しなければならない」（IAS第1号104項）との要求事項が存在していた。しかし，実務上，費用を機能別に分類した一部の企業は費用の性質に関する追加的な情報をほとんど開示しておらず，追加的な情報に対する財務諸表利用者の強い要望がIASBに寄せられていた（IFRS第18号BC261項）。一方，財務諸表作成者からは，性質別費用の注記を拡充することに伴うコストに関しての懸念が寄せられた（IFRS第18号BC262項）。
>
> 　結果的に，コストと便益のバランスを勘案し，限定された5つの項目について明示的に性質別費用の開示が求められることとなった。

③ 性質別費用の金額

さて，この営業費用の性質別分類の開示であるが，開示される金額はその期に費用認識された金額であってもよいし，その期に資産の帳簿価額の一部として認識された金額を含めてもよい（IFRS第18号B84項）。例えば，当期に150の減価償却が行われ，いったん全額が製品原価に含まれたのち，当該製品の3分の2は期中に販売され，3分の1は期末在庫として残っている場合を考えてみよう。この場合，150のうち100は売上原価として当期のP/Lに含まれ，残りの50は棚卸資産の帳簿価額の一部として当期末のB/Sに含まれている。期首在庫がゼロと仮定すると，営業費用の性質別分類の注記において開示する金額は，P/Lで費用認識された100でもよいし，資産の帳簿価額の一部として認識された50を含む150でもよい。後者を採用する場合は，その旨の定性的な説明を，関連のある資産（この場合，棚卸資産）を識別して示す必要がある。

ちなみに，この選択肢は，注記ではなくP/Lに営業費用を性質別に表示する場合であっても同様に取りうる。この場合，そのままではP/Lの計算が合わなくなってしまうので，影響を受けている資産（この場合，棚卸資産）の帳簿価額の変動を表す追加の科目をP/Lに表示する必要がある（IFRS第18号B84項）。

（9） まとめ

本章では，P/Lに関連する要求事項について確認してきた。P/Lに関連する要求事項は，IFRS第18号により，それまでのIFRS会計基準の規定が最も大きく変更された部分であり，読者の関心も高いのではないかと考えている。このため，本書においてはこの第3章に最も多くのページを割いて，IFRS第18号の規定の解説に加え，日本基準との比較も提供している。また，本章末の付録に【実務例】として，保険会社，銀行，顧客にファイナンスを提供している製造業者および投資不動産会社のP/Lの表示例を載せているので，こちらもぜひご覧いただきたい。

さて，本章ではまず（1）でP/Lの基本的な構造として，P/Lの区分および小計について説明した。続いて本章（2）で，P/Lの収益および費用の分類に際して非常に重要となる「主要な事業活動」という概念を紹介した。

その後，本章（3）において，まずはベースとなる「特定の主要な事業活動を行っていない企業」，すなわち主要な事業活動として資産に投資したり顧客にファイナンスを提供したりしていない企業のP/Lについて解説した。ここではP/Lの営業区分，投資区分，財務区分について，どのような収益および費用がそれぞれの区分に分類されることになるのかを詳細に説明した。

続いて本章（4）で主要な事業活動として資産に投資している企業，本章（5）で主要な事業活動として顧客にファイナンスを提供している企業について，本章（3）で見た特定の主要な事業活動を行っていない企業との相違点に留意しつつ解説した。

さらに本章（6）において，日本基準に基づくP/L表示との比較を行った。日本基準とIFRS会計基準との認識・測定における相違を無視した簡便的な比較ではあるが，企業が特定の主要な事業活動を行っているか否かにより，それぞれ日本基準と何が大きく異なるかを概観するのに役立つのではないかと考えている。

本章（7）（8）ではP/Lの構造から少し離れ，本章（7）でP/Lで独立表示すべき科目，本章（8）で営業費用の表示および開示について概説した。

上述のとおり，P/Lの要求事項は企業が特定の主要な事業活動を行っているか，行っている場合にはどの特定の主要な事業活動を行っているかにより変わってくるので，読者の興味がある部分を必要に応じて参照いただけると幸いである。

第3章【付録】
具体的な業種におけるP/Lの表示例

　ここでは実務例として，本章で解説したP/Lに関する要求事項を具体的な業種の実務に当てはめた場合のP/Lの表示例と留意点を考察する。具体的には，特定の主要な事業活動を有している，以下の企業の表示例を提供する。

【実務例A】　保険会社
【実務例B】　銀行
【実務例C】　顧客にファイナンスを提供している製造業者
【実務例D】　投資不動産会社

【実務例A】 保険会社

① 特定の主要な事業活動の評価

　一般的に保険会社は，保険契約者から保険料を収受し，それを有価証券等の金融資産へ投資したり，保険金や事業費の支払に充てたりしている。その結果，保険会社における営業活動の成果は，保険引受の成果および金融資産に対する投資の成果から構成されることがある。

　P/Lの表示の決定のためには，保険会社が特定の主要な事業活動を行っているかを評価する必要がある。保険会社は，通常，主要な事業活動として金融資産に投資していると考えられる。一方，保険会社は顧客へのファイナンスの提供は行っていない可能性がある。

② IFRS第17号の表示および開示に関する要求事項

　IFRS第17号は，その標題のとおり，保険契約に関する要求事項を規定している。IFRS第17号は保険会社のみを対象としているわけではなく，他の企業も保有している保険契約についてこのIFRS会計基準を適用するが，保険会社はその取引の大部分をIFRS第17号により会計処理することになる。

さて，IFRS第17号に従って会計処理した保険引受の成果にかかる項目は，P/L上，以下の金額を営業区分に表示する必要がある（IFRS第17号80項，IFRS第18号75項(c)）。

> a．保険収益
> b．IFRS第17号の範囲に含まれる発行した契約から生じた保険サービス費用
> c．保有している再保険契約から生じた収益または費用
> d．IFRS第17号の範囲に含まれる発行した契約から生じた保険金融収益または費用
> e．保有している再保険契約から生じた金融収益または費用

このうち「c．保有している再保険契約から生じた収益または費用」の表示を検討するにあたり，保険会社は保有している再保険契約グループからの収益および費用を単一の金額として表示するか，または，再保険者から回収した金額と支払保険料の配分を区分して表示するか判断する必要がある（IFRS第17号86項）。

「d．保険金融収益および費用」ならびに「e．再保険契約から生じた金融収益または費用」（IFRS第17号87項）は，発行された保険契約，保有された再保険契約，および直接連動有配当投資契約から発生し，保険会社の主要な事業活動に関連するため（IFRS第18号BC196項），保険金融収益および費用は営業区分に分類される（IFRS第18号64項(b)）。

③ P/Lの表示例

それでは，保険会社がIFRS第18号を適用した場合のP/Lの表示例と，そのもととなる前提をお示ししよう。

このP/Lを作成するにあたり前提となる情報は下記のとおりである。

a．報告企業は保険事業を営む保険会社であり，再保険会社と再保険契約を締結している。報告企業は，再保険契約から生じた収益または費用を表示するにあたり保有している再保険契約グループからの収益および費用を単一の金額として表示する。
b．報告企業は主要な事業活動として，個別にかつ自社の他の資源からおおむね独立してリターンを生み出す金融資産に投資している。
c．報告企業は主要な事業活動として顧客に対するファイナンスの提供は行っていない。
d．報告企業は，有用な体系化された要約を提供する追加の小計として，保険サービス損益を表示する。また，報告企業の営業業績の主要な指標である正味金融損益を追加の小計として表示する。
e．報告企業は，P/Lの営業区分において，一部の費用を性質別に分類し，他の費用を機能別に分類することが，費用の最も有用な体系化された要約を提供すると結論付けている。
f．報告企業は関連会社を保有しており，当該関連会社に持分法（IAS第28号10項）を適用している。

図表3 Aは，上記に記載した前提条件に基づき作成したP/Lの一例を示している。

| 図表3A | 主要な事業活動として金融資産に投資している保険会社である企業のP/Lの表示例 |

	表示科目	20X2年	20X1年	区分
①	保険収益	148,200	143,800	営業区分
②	保険サービス費用	(108,000)	(105,000)	
③=①−②	**発行している保険契約から生じた保険サービス損益**	40,200	38,800	
④	保有している再保険契約から生じた費用	(6,800)	(6,500)	
⑤=③−④	**保険サービス損益**	33,400	32,300	
⑥	投資収益	118,000	104,000	
⑦	信用減損損失	(4,000)	(1,400)	
⑧	発行している保険契約から生じた金融費用	(86,900)	(85,000)	
⑨	保有している再保険契約から生じた金融収益	5,600	5,700	
⑩=⑥−⑦−⑧+⑨	**正味金融損益**	32,700	23,300	
⑪	その他の営業費用	(3,200)	(4,500)	
⑫=⑤+⑩−⑪	**営業利益**	62,900	51,100	必須の小計
⑬	関連会社および共同支配企業の純損益に対する持分相当額	(5,300)	4,900	投資区分
⑭=⑫−⑬	**財務および法人所得税前純利益**	57,600	56,000	必須の小計
⑮	借入金および年金負債にかかる利息費用	(2,600)	(2,300)	財務区分
⑯=⑭−⑮	**税引前純利益**	55,000	53,700	
⑰	法人所得税費用	(10,300)	(9,100)	法人所得税区分
⑱=⑯−⑰	**純利益**	44,700	44,600	必須の小計

図表3AのP/Lには一般事業会社の売上総利益に相当する2つの保険サービス損益（③および⑤）が表示されている。③は発行している保険契約のみから

生じた保険サービス損益，すなわち保険契約者に対する保険会社の営業活動の成果を表している。⑤は，これに加えて保有している再保険契約から生じた費用（純額），すなわち保険会社の保険リスクを外部に移転した後の保険サービス損益を表している。前提にも記載していたように，これらは報告企業が有用な体系化された要約を提供するために表示している追加の小計に該当する。

P/L上，保険契約者に対する保険会社の営業業績（③の小計）と再保険契約を反映した営業業績（⑤の小計）の双方を表示することにより，財務諸表利用者は再保険を考慮する前の営業活動の成果と再保険を考慮した後の営業活動の成果を理解することができる。当該情報は保険会社の保険リスクがどの程度外部に移転しているかどうかがわかるため，財務諸表利用者によって有用な情報となる。

これに加え，**図表３Ａ**のP/Lには，⑩として正味金融損益という追加の小計が表示されている。これは金融資産への投資収益およびその信用減損損失，ならびに発行している保険契約および保有している再保険契約から生じた金融収益および費用の小計であり，上述の保険サービス損益は含まない。正味金融収益は投資の成果を表しており，前提に記載のとおり保険会社における営業業績の重要な指標となっている（IFRS第18号BC123項）。

④　MPMに関する考察

さて，ここで説明した③，⑤および⑩の追加の小計は経営者が定義した業績指標（MPM）（第８章参照）に該当するであろうか。MPMに該当する指標はP/Lには表示されていないケースが多いが，P/Lに表示されていることでMPMから除外されるわけではないため，定義に照らした検討が必要である。③，⑤および⑩の追加的な小計である保険サービス損益および正味金融損益は，売上総利益に類似する小計であるためMPMに該当しないと考えられる（第８章（２）④参照）。

【実務例B】 銀　行

①　特定の主要な事業活動の評価

　銀行と一口にいっても，その事業内容は様々である。一般的に銀行は，顧客から預金として資金を調達し，調達した資金で融資を行うとともに，有価証券等の金融資産に対する投資も実施している。さらに，隔地間の金銭債権および金銭債務の資金決済を行う為替業務も行っている。その結果，銀行の営業活動の成果は，融資業務にかかる成果，金融資産への投資の成果，金融サービスの成果から構成される可能性がある。

　P/Lの表示の決定のためには，銀行が特定の主要な事業活動を行っているかを評価する必要がある。銀行は，通常，主要な事業活動として金融資産に投資し，かつ，顧客へのファイナンスの提供を行っていると考えられる。

②　P/Lの表示例

　それでは，銀行がIFRS第18号を適用した場合のP/Lの表示例と，そのもととなる前提をお示ししよう。

　このP/Lを作成するにあたり前提となる情報は下記のとおりである。

> a．報告企業は，投資銀行兼リテール銀行であり，主要な事業活動として個別にかつ自社の他の資源からおおむね独立してリターンを生み出す金融資産へ投資している。
> b．報告企業は，主要な事業活動として顧客にファイナンスを提供している。
> c．報告企業は，P/Lの営業区分において性質別に分類したすべての費用を表示することが，最も有用な体系化された要約を提供すると結論付けている。
> d．報告企業は，会計方針として，資金の調達のみを伴う取引から生じるすべての負債（顧客へのファイナンスの提供に関連しない負債を含む）から生じる収益および費用を営業区分に分類することを選択して

いる。その結果，報告企業は財務および法人所得税前純利益の小計を表示することは認められない。

e．報告企業は正味利息収益を追加の小計として表示する。また，為替業務から発生する手数料は報告企業の営業業績の主要な指標であるため，正味報酬および手数料収益を追加の小計として表示する。

f．報告企業は関連会社を保有しており，当該関連会社に持分法（IAS第28号10項）を適用している。

図表３Ｂは，上記に記載した前提条件に基づき作成したP/Lの一例を示している。

図表３Ｂ　主要な事業活動として金融資産への投資および顧客へのファイナンスの提供を行っている投資銀行兼リテール銀行である企業のP/Lの表示例

	表示科目	20X2年	20X1年	区分
①	利息収益	366,000	343,800	営業区分
②	利息費用	(282,000)	(258,000)	
③=①-②	正味利息収益	84,000	85,800	
④	報酬および手数料収益	76,700	74,400	
⑤	報酬および手数料費用	(45,400)	(44,900)	
⑥=④-⑤	正味報酬および手数料収益	31,300	29,500	
⑦	正味トレーディング収益	9,200	800	
⑧	正味投資収益	11,700	7,900	
⑨	信用減損損失	(17,400)	(19,200)	
⑩	従業員給付	(55,200)	(49,600)	
⑪	減価償却および償却	(6,800)	(5,960)	
⑫	その他の営業費用	(5,200)	(4,650)	
⑬=③+⑥+（⑦から⑫）	営業利益	51,600	44,590	必須の小計
⑭	関連会社および共同支配企業の純損益に対する持分相当額	1,900	2,200	投資区分

⑮	年金負債にかかる利息費用	(2,300)	(1,900)	財務区分
⑯=⑬+⑭−⑮	税引前純利益	51,200	44,890	
⑰	法人所得税費用	(11,300)	(9,100)	法人所得税区分
⑱=⑯−⑰	純利益	39,900	35,790	必須の小計

　図表３ＢのP/Lの一番上の行には①として利息収益が表示されているが，これは実効金利法に基づき計算された数値が表示される（IFRS第18号75項(b)(i)）。前提にも記載のあるとおり，報告企業は資金の調達のみを伴う取引から生じるすべての負債にかかる利息費用を営業区分に含めるという会計方針を採用している。その結果，報告企業の融資業務にかかる成果が「③正味利息収益」の小計として表示されており，報告企業の営業業績の重要な指標がP/Lで財務諸表利用者に提供されている。

　また，報告企業の為替業務から生じる収益および費用は，投資区分にも財務区分にも分類されないため，営業区分に分類され，為替業務の成果が「⑥正味報酬および手数料収益」として表示されている。

　本設例のように顧客にファイナンスの提供をしている企業が資金の調達のみを伴う取引から生じるすべての負債からの収益および費用を営業区分に分類する会計方針を選択した場合には，財務諸表利用者の誤解を招きかねないとの理由から，「財務および法人所得税前純利益」は表示されない。**図表３Ｂ**のP/Lにおいては，⑭が投資区分に含まれる収益および費用，⑮が財務区分に含まれる収益および費用であるが，この両者の間に小計が表示されていない。

③ MPMに関する考察

　実務例Ａと同様，③および⑥の追加の小計である正味利息収益および正味報酬および手数料収益は，売上総利益に類似する小計であるためMPMに該当しない（第8章（2）④参照）。

【実務例C】顧客にファイナンスを提供している製造業者

① 特定の主要な事業活動の評価

主要な事業活動は報告企業ベース（すなわち連結グループベース）で評価するものであり，1つだけとは限らない。例えば，自動車製造業者が，自社が製造した製品を顧客が購入できるようにするために，顧客に対して自動車ローンを提供する場合がある。

この場合，自動車製造業者は，主要な事業活動として自動車の製造販売および顧客へのファイナンスの提供を行っていると評価されるかもしれない。ただし，P/Lの表示の検討においては，特定の主要な事業活動を行っているかどうかのみを評価すればよく，その他の主要な事業活動（例えば自動車の製造販売）は考慮する必要がない。

このような企業にとっては製造業における営業業績と金融業における営業業績が重要な指標となる可能性がある。

② P/Lの表示例

それでは，顧客にファイナンスを提供している製造業者がIFRS第18号を適用した場合のP/Lの表示例と，そのもととなる前提をお示ししよう。

このP/Lを作成するにあたり前提となる情報は下記のとおりである。

---

a．報告企業は製品を製造および販売しており，また当該製品の購入に関して顧客にファイナンスを提供している。当該顧客へのファイナンスの提供は，報告企業の主要な事業活動である。

b．報告企業は，資産への投資を主要な事業活動として行っていない。

c．報告企業は，P/Lの営業区分において，一部の費用を機能別に，他の費用を性質別に分類することが，最も有用な体系化された要約を提供すると結論付けている。

d．報告企業の会計方針は下記のとおりである：

（ⅰ）資金の調達のみを伴う取引から生じる負債から生じる収益および費

用のうち，顧客へのファイナンスの提供に関連しないものは財務区分に含める。
(ii) 現金および現金同等物から生じた収益および費用のうち，顧客へのファイナンスの提供に関連しないものは投資区分に含める。

図表３Cは，上記に記載した前提条件に基づき作成したP/Lの一例である。

図表３C 主要な事業活動として顧客にファイナンスを提供している製造業者である企業のP/Lの表示例

	表示科目	20X2年	20X1年	区分
①	製品売上高	391,000	366,000	営業区分
②	売上原価	(286,000)	(271,000)	
③=①-②	**製品の販売から生じた売上総利益**	**105,000**	**95,000**	
④	顧客へのファイナンスの提供に関連した利息収益	119,600	122,000	
⑤	顧客へのファイナンスの提供に関連した利息費用	(111,000)	(101,800)	
⑥=④-⑤	**正味利息収益**	**8,600**	**20,200**	
⑦	販売費	(28,800)	(26,400)	
⑧	研究開発費	(15,900)	(15,500)	
⑨	一般管理費	(23,900)	(24,600)	
⑩	その他の営業費用	(4,600)	(5,500)	
⑪=③+⑥-(⑦から⑩)	営業利益	40,400	43,200	必須の小計
⑫	顧客へのファイナンスの提供に関連しない現金および現金同等物から生じた収益	5,600	4,100	投資区分
⑬=⑪+⑫	財務および法人所得税引前純利益	46,000	47,300	必須の小計
⑭	顧客へのファイナンスの提供に関連しない借入にかかる利息費用	(3,900)	(3,600)	財務区分

⑮	年金負債にかかる利息費用	(3,800)	(4,400)	
⑯=⑬-⑭-⑮	税引前純利益	38,300	39,300	
⑰	法人所得税費用	(10,225)	(10,300)	法人所得税区分
⑱=⑯-⑰	純利益	28,075	29,000	必須の小計

　図表３ＣのP/Lには，まず「①製品売上高」と「②売上原価」が表示されているが，これらはいずれも製品の製造および販売に関連するものである。この事業に関連する小計として，「③製品の販売から生じた売上総利益」が表示されている。一方，これに続いて顧客へのファイナンスの提供に関連した利息収益および利息費用（④および⑤）が表示され，この事業に関連する小計として「⑥正味利息収益」が表示されている。営業費用の表示は本章（8）に記載しているとおり，IFRS第18号において費用性質法と費用機能法の併用を認めており，本設例の売上原価は費用機能法に基づき表示され，利息費用は費用性質法に基づき表示されている。

　報告企業にとって，製品の製造および販売と，顧客へのファイナンスの提供はいずれも主要な事業活動であり，この２つの事業の業績は営業業績における重要な指標であるため，追加の小計を表示している。

　報告企業は，資金の調達のみを伴う取引から生じる負債から生じる収益および費用のうち，顧客へのファイナンスの提供に関連しないものは財務区分に含める会計方針としている。この項目は⑭として表示されている。また，**図表３Ｂ**と異なり，「⑬財務および法人所得税前純利益」が表示されている。また，これと整合する形で，報告企業は，現金および現金同等物から生じる収益および費用のうち，顧客へのファイナンスの提供に関連しないものは投資区分に含める会計方針としており，当該項目は⑫として表示されている。

③　MPMに関する考察

　実務例Ａおよび実務例Ｂと同様，追加の小計である「③売上総利益」および「⑥正味利息収益」は，売上総利益および売上総利益に類似する小計であるためMPMに該当しない（第８章（2）④参照）。

【実務例D】 投資不動産会社

① 特定の主要な事業活動の評価

　投資不動産会社は，不動産の取得後，投資リターンとして当該不動産の賃貸料の稼得を行うとともに不動産を売却してキャピタル・ゲインを得ることを目的としており，主要な事業活動として資産に投資をしている。投資対象である各不動産は，通常，個別にかつ企業の他の資源からおおむね独立してリターンを生み出す資産に該当すると考えられる（本章（3）②参照）。上述のような事業を行っている投資不動産会社における営業活動の成果は，各不動産の賃貸から発生する賃貸収益，不動産にかかる売却損益，評価損益および管理費用（保険料，修繕費および管理報酬等）から構成されている。

　なお，投資不動産会社に含まれる業態としては，例えば不動産賃貸業，不動産投資信託（REIT），不動産管理業等が考えられる。投資不動産会社は，IFRS第18号において主要な事業活動として資産に投資している可能性のある企業の例として挙げられている（IFRS第18号B31項）。

② P/Lの表示例

　それでは，投資不動産会社がIFRS第18号を適用した場合のP/Lの表示例と，そのもととなる前提をお示ししよう。
　このP/Lを作成するにあたり前提となる情報は下記のとおりである。

> a．報告企業は主要な事業活動として，賃貸料の稼得および取得した不動産を売却してキャピタル・ゲインを得るために不動産に投資している。当該投資不動産は，個別にかつ自社の他の資源からおおむね独立してリターンを生み出す資産に該当する。
> b．報告企業は，投資不動産をIAS第40号「投資不動産」における公正価値モデルを使用して会計処理している。
> c．報告企業は，上記に加え，株式に投資を行っているが，この株式投資は主要な事業活動として実施しているわけではない。当該株式は個別

にかつ自社の他の資源からおおむね独立してリターンを生み出す資産に該当する。また，当該株式は，その他の包括利益を通じて公正価値（FVTOCI）で測定されている（IFRS第9号B5.7.1項）。

d．報告企業は，有用な体系化された要約を提供する追加の小計として，正味賃貸収益を表示する。

e．報告企業は，P/Lの営業区分においてすべての費用を性質別に分類して表示することが，最も有用な体系化された要約を提供すると結論付けている。

f．報告企業は関連会社を保有しており，当該関連会社に持分法（IAS第28号10項）を適用している。

図表3Dは，上記に記載した前提条件に基づき作成したP/Lの要約である。

図表3D　主要な事業活動として不動産に投資している企業のP/Lの表示例

	表示科目	20X2年	20X1年	区分
①	賃貸収益	130,700	127,900	営業区分
②	メンテナンスおよび不動産サービス収益	38,900	38,200	
③	メンテナンスおよび不動産サービス費用	(42,500)	(42,800)	
④＝①+②－③	**正味賃貸収益**	**127,100**	**123,300**	
⑤	投資不動産の処分にかかる損失	(1,520)	(6,420)	
⑥	投資不動産にかかる公正価値損失	(34,700)	(29,100)	
⑦	従業員給付費用	(26,000)	(26,200)	
⑧	その他の営業費用	(5,720)	(5,780)	
⑨＝④－(⑤から⑧)	**営業利益**	**59,160**	**55,800**	必須の小計

⑩	関連会社および共同支配企業の純利益に対する持分相当額	800	5,950	投資区分
⑪	配当収益	4,100	2,800	
⑫＝⑨+⑩+⑪	財務および法人所得税前純利益	64,060	64,550	必須の小計
⑬	借入金および年金負債にかかる利息費用	(6,500)	(6,900)	財務区分
⑭＝⑫−⑬	税引前純利益	57,560	57,650	
⑮	法人所得税費用	(11,200)	(10,500)	法人所得税区分
⑯＝⑭−⑮	純利益	46,360	47,150	必須の小計

図表３ＤのP/Lにおいて，報告企業の主要な事業活動である不動産投資に関連する収益および費用（①〜③および⑤〜⑥）はいずれも営業区分に表示されている。さらに①〜③の小計として「④正味賃貸収益」が表示されている。前提にもあったとおり，これは報告企業が有用な体系化された要約を提供するために表示している追加の小計に該当する。

一方で報告企業は，個別にかつ企業の他の資源からおおむね独立してリターンを生み出す株式投資を行っているが，これは同社の主要な事業活動には該当しない。そのため，当該株式投資から生じた「⑪配当収益」は投資区分に分類している。これにより，財務諸表利用者は企業の主要な事業活動の一部ではない投資からのリターンに関して区分した情報を受け取ることができる。

③ MPMに関する考察

これまで見てきた実務例Ａ〜実務例Ｃと同様，追加の小計である「④正味賃貸収益」は，売上総利益に類似する小計であるためMPMに該当しない（第8章（2）④参照）。

第4章
包括利益計算書（C/I）

　本章では，包括利益計算書（C/I）に関連する要求事項について説明する。最初にC/Iの基本的な構造について，財務業績の計算書の表示例を示しながら解説している。また，純損益計算書（P/L）とその他の包括利益（OCI）の関係，組替調整，OCIに含められる項目について取り上げている。

本章では、包括利益計算書（C/I）に関連する要求事項について説明する。C/Iに関連する要求事項はIFRS第18号「財務諸表における表示及び開示」に含まれているが、その内容はIAS第1号「財務諸表の表示」から引き継がれている。

（1） C/Iの基本的な構造

第2章（3）でも触れたように、財務業績の計算書は、次のうちどちらかで表示しなければならない（IFRS第18号12項）。

> a．単一の「純損益およびその他の包括利益計算書」として、純損益とその他の包括利益（OCI）を2つの部で表示する形式（「1計算書」方式）
> b．「純損益計算書」（P/L）および「純損益で始まり包括利益を表示する独立の計算書」を表示する形式（「2計算書」方式）

どちらの方法が採用されたとしても、目的は、「包括利益合計」の金額に至ることであり、「包括利益合計」は「所有者としての立場での所有者との取引による資本の変動以外の取引または事象によるある期間における資本の変動」と定義される（IFRS第18号付録A）。

ここで、本章で説明するC/Iとは、1計算書方式の「OCIの部」と2計算書方式における「純損益で始まり包括利益を表示する独立の計算書」の両方を指していることを改めて確認しておきたい（IFRS第18号13項(b)）。同様に、第3章で説明したP/Lとは、1計算書方式の「純損益の部」と2計算書方式におけるP/Lの両方を指している。なお、以下の説明で小計の"Profit or loss"は「純損益」としている。

C/Iには、次の合計を表示しなければならない（IFRS第18号86項）。

> a．純損益

> b．OCI
> c．包括利益（純損益とOCIの合計）

　「1計算書」方式を採用する場合には，当該単一の計算書について(i)純損益,(ii)OCIの独立した区分を表示し，それぞれの区分に合計額を表示し，これら2つの合計額が総合計として表示される。
　「2計算書」方式を採用する場合には，第1の計算書として，純損益の合計に至るまでを表示するために独立したP/Lを表示し，その直後に表示する第2の計算書であるC/Iにおいて，純損益の合計額から開始し，OCI項目，OCI合計および包括利益合計（純損益とOCIの合計）を表示する。
　また，次の事項を，当期の包括利益の配分として表示しなければならない（IFRS第18号87項）。

> a．非支配持分
> b．親会社の所有者

　以下で，1計算書方式による財務業績の計算書の表示例を**図表4－1**として，2計算書方式による財務業績の計算書の表示例を**図表4－2**として示している。

図表4-1　1計算書方式による財務業績の計算書の表示例

純損益およびその他の包括利益計算書

		20X2年	20X1年	
①	営業収益	1,300	1,250	営業区分
②	営業費用	(1,000)	(900)	
③＝①－②	**営業利益**	**300**	**350**	必須の小計
④	投資収益	600	400	投資区分
⑤	投資費用	(350)	(300)	
⑥＝③+④－⑤	**財務および法人所得税前純利益**	**550**	**450**	必須の小計
⑦	財務収益	220	200	財務区分
⑧	財務費用	(270)	(250)	
⑨＝⑥+⑦－⑧	**法人所得税前純利益**	**500**	**400**	任意の小計
⑩	法人所得税費用	(150)	(120)	法人所得税区分
⑪＝⑨－⑩	**継続事業からの純利益**	**350**	**280**	任意の小計
⑫	非継続事業からの損失	(100)	(80)	非継続事業区分
⑬＝⑪－⑫	**純利益**	**250**	**200**	必須の小計

OCI

純損益に振り替えられることのない収益および費用：

⑭	確定給付制度の再測定にかかる利得（損失）	30	(25)	純損益に振り替えられることのない収益および費用
⑮	関連会社および共同支配企業のOCIに対する持分相当額	(10)	15	
⑯	純損益に振り替えられることのない収益および費用にかかる法人所得税	(5)	5	
⑰＝⑭+⑮+⑯	純損益に振り替えられることのない収益および費用の合計	15	(5)	任意の小計

	特定の条件を満たした時に純損益に振り替えられる収益および費用：			純損益に振り替えられる益および費用
⑱	在外営業活動体の換算差額	(40)	50	
⑲	キャッシュ・フロー・ヘッジ損失	(15)	(30)	
⑳	特定の条件が満たされる場合，純損益に振り替えられる収益および費用にかかる法人所得税	15	(15)	
㉑=⑱+⑲+⑳	**特定の条件を満たした時に純損益に振り替えられる収益および費用の合計**	(40)	5	任意の小計
㉒=⑰+㉑	OCI（税引後）	(25)	0	必須の小計
㉓=⑬+㉒	包括利益合計	225	200	必須の合計

	純利益の帰属：		
	親会社の所有者	200	160
	非支配持分	50	40
		250	200
	包括利益合計の帰属：		
	親会社の所有者	180	160
	非支配持分	45	40
		225	200

（IFRS第18号に関する設例　PartIを参考に筆者作成）

図表4-2　2計算書方式による財務業績の計算書の表示例

P/L

		20X2年	20X1年	
①	営業収益	1,300	1,250	営業区分
②	営業費用	(1,000)	(900)	
③=①-②	**営業利益**	**300**	**350**	必須の小計
④	投資収益	600	400	投資区分
⑤	投資費用	(350)	(300)	
⑥=③+④-⑤	財務および法人所得税前純利益	550	450	必須の小計
⑦	財務収益	220	200	財務区分
⑧	財務費用	(270)	(250)	
⑨=⑥+⑦-⑧	**法人所得税前純利益**	**500**	**400**	任意の小計
⑩	法人所得税費用	(150)	(120)	法人所得税区分
⑪=⑨-⑩	**継続事業からの純利益**	**350**	**280**	任意の小計
⑫	非継続事業からの損失	(100)	(80)	非継続事業区分
⑬=⑪-⑫	**純利益**	**250**	**200**	必須の合計

純利益の帰属：
親会社の所有者	200	160
非支配持分	50	40
	250	200

C/I

		20X2年	20X1年	
①	純利益	250	200	必須の小計
	純損益に振り替えられることのない収益および費用：			純損益に振り替えられることのない収益および費用
②	確定給付制度の再測定にかかる利得（損失）	30	(25)	
③	関連会社および共同支配企業のOCIに対する持分相当額	(10)	15	
④	純損益に振り替えられることのない収益および費用にかかる法人所得税	(5)	5	
⑤＝②＋③＋④	純損益に振り替えられることのない収益および費用の合計	15	(5)	任意の小計
	特定の条件を満たした時に純損益に振り替えられる収益および費用：			純損益に振り替えられる収益および費用
⑥	在外営業活動体の換算差額	(40)	50	
⑦	キャッシュ・フロー・ヘッジ損失	(15)	(30)	
⑧	特定の条件が満たされる場合，純損益に振り替えられる収益および費用にかかる法人所得税	15	(15)	
⑨＝⑥＋⑦＋⑧	特定の条件を満たした時に純損益に振り替えられる収益および費用の合計	(40)	5	任意の小計
⑩＝⑤＋⑨	OCI（税引後）	(25)	0	必須の小計
⑪＝①＋⑩	包括利益合計	225	200	必須の合計

	20X2年	20X1年
包括利益合計の帰属：		
親会社の所有者	180	160
非支配持分	45	40
	225	200

（IFRS第18号に関する設例　Part I を参考に筆者作成）

> **Plus One Point**
>
> 「2計算書」方式の場合，独立のP/Lは，C/Iの「直前に置く」べきであるというIFRS第18号12項(b)の要求事項は，C/IとP/Lを別のページに記載することを禁止していないが，C/IはP/Lの直後のページに同等の目立ち方で表示すべきである。

（2） その他の包括利益（OCI）

① P/LとOCIの関係

　財務報告に関する概念フレームワーク（概念FW）では，すべての収益および費用は原則としてP/Lに含まれるとしている。なぜならP/Lは，企業の当期の財務業績に関する情報の主要な源泉であるためである。収益および費用をP/Lから除外してOCIに含めることは，例外的な状況において，IFRS会計基準で決められた項目のみ行うことができる。その例外的な状況とは，特定の資産または負債の現在の価値の変動から生じる収益または費用をOCIに含めることにより，P/Lが関連性のより高い情報を提供するか，または，企業の報告期間の財務業績のより忠実な表現を提供することになる状況である（概念FW7.17項，BC7.24項，IFRS第18号46項）。

> **Plus One Point**
>
> 収益および費用をP/LでなくOCIに含めるべき例外的な状況は，個別のIFRS会計基準により具体的に定められる必要がある。したがって，そのような状況にあるかの判断は，IASBがIFRS会計基準の開発時に行うこととなる。個々の企業が情報の有用性や取引の事実と状況等に照らし，IFRS会計基準の要求を越えて，特定の項目をP/LではなくOCIに含めるほうがより有用であると判断することは認められない。

② 組替調整

上述のとおり，OCIとは，IFRS会計基準が要求または許容するところにより純損益に認識されない収益および費用（組替調整額を含む）からなる（IFRS第18号付録A）。つまり，収益および費用をOCIに認識できるのは，IFRS会計基準で明示的にそれが求められているか，あるいは認められている場合のみであり，それ以外の場合には，収益および費用は必ず純損益に認識する必要がある。

IFRS会計基準の規定によりOCIに認識した収益および費用は，その後に純損益に振り替えられる場合と，振り替えられない場合がある（IFRS第18号88項）。OCIで認識した金額を純損益に振り替えるかどうか，振り替える場合にはいつそれを行うかは，IFRS会計基準で明示的に特定されている。このようなOCIから純損益への振替えは組替調整と呼ばれる。組替調整が行われる期において，組替調整額は包括利益の二重計算を避けるため，OCIの内訳項目として控除される（IFRS第18号91項）。

例えば，IFRS会計基準の要求事項に従い，ある会計期間（X1期）に100の収益をOCIに認識し，翌期（X2期）にその全額を組替調整したとしよう。この場合，該当項目はP/LおよびC/Iに**図表4－3**のような影響を与える。

図表4－3　組替調整の影響

会計期間	P/L	純損益	C/I	包括利益
X1期	－	－	＋100	＋100
X2期	＋100	＋100	(100)	±0

X2期において，C/Iでは（100）として当該金額が控除されている。仮にこの調整を行わない場合，X2期の包括利益への影響額が＋100となってしまい，単一の取引につきX1期で＋100，X2期でも＋100のダブルカウントが発生してしまう。

③ OCIに含める項目

それでは，具体的にどのような項目がIFRS会計基準によりOCIに含めることとされているのか見てみよう。**図表4－4**はOCIに含めるすべての項目のリストである（IFRS第18号B87項）。

図表4－4　OCIに認識する項目

	OCIに認識する項目	その後純損益に振り替える	その後純損益に振り替えない
a	再評価剰余金の変動（IAS第16号「有形固定資産」およびIAS第38号「無形資産」）		○（※1）
b	確定給付制度の再測定（IAS第19号「従業員給付」）		○
c	在外営業活動体の財務諸表の換算から生じる利得および損失（IAS第21号「外国為替レート変動の影響」）	○	
d	IFRS第9号「金融商品」5.7.5項に従ってOCIを通じて公正価値（FVTOCI）で測定するものとして指定された資本性金融商品に対する投資による利得および損失		○
e	IFRS第9号4.1.2A項に従ってFVTOCI測定する金融資産にかかる利得および損失	○	
f	① キャッシュ・フロー・ヘッジのヘッジ手段にかかる利得および損失の有効部分 ② IFRS第9号5.7.5項に従ってFVTOCI測定する資本性金融商品に対する投資をヘッジするヘッジ手段にかかる利得および損失 （IFRS第9号6.5.8項(a)および6.5.11項(b)）	①（※2）	②
g	純損益を通じて公正価値（FVTPL）で測定するものとして指定された特定の負債について，当該負債の信用リスクの変動に起因する公正価値の変動の金額（IFRS第9号5.7.7項）		○
h	オプションの時間的価値の変動（オプション契約の本源的価値と時間的価値を分離して本源的価値の変動だけをヘッジ手段として指定している場合）（IFRS第9号6.2.4項(a)）	○（※2）	

i	先渡契約の先渡要素の価値の変動（先渡契約の先渡要素と直物要素を分離して直物要素だけをヘッジ手段として指定している場合）および金融商品の外貨ベーシス・スプレッドの価値の変動（ヘッジ手段としての当該金融商品の指定から除外している場合）（IFRS第9号6.2.4項(b)）	○（※2）	
j	IFRS第17号「保険契約」の範囲に含まれる発行した契約から生じた保険金融収益および金融費用のうち純損益から除外されたもの（保険金融収益または費用の合計を，IFRS第17号88項(b)を適用して規則的な配分によって，またはIFRS第17号89項(b)を適用して基礎となる項目について生じた金融収益または金融費用との会計上のミスマッチを除去する金額によって決定した金額を純損益に含めるために分解する場合）	○	
k	保有している再保険契約から生じた金融収益および費用のうち純損益から除外されたもの（再保険金融収益または費用の合計をIFRS第17号88項(b)を適用して規則的な配分によって決定した金額を純損益に含めるために分解する場合）	○	

（※1） 再評価剰余金の変動は，その後の期間において，資産が使用されるに従ってまたは認識の中止をした時に，利益剰余金に振り替えることができる（IFRS第18号B89項）。
（※2） 資産または負債の取得原価等に直接含める金額が生じる場合には，組替調整額は生じず直接振り替える（IFRS第18号B89項）。

ここで，OCIに含められC/Iに表示される項目は，本章（2）の冒頭で説明しているとおり，例外的な状況において，IFRS会計基準で決められた項目のみではあるが，あくまでも収益および費用であることを改めて確認しておきたい。概念FWにおいて，持分請求権の保有者からの拠出または持分保有者への分配は収益および費用ではないとされている（概念FW4.70項）。そのため，例えば，持分決済型株式報酬に関して資本に認識された貸方項目は，IFRS第2号「株式に基づく報酬」に従って，OCIに含めてはならない。これは，当該貸方項目が所有者としての立場での所有者との取引から発生するため，定義上C/Iに含めることができないからである。

> **Plus One Point**
>
> 　日本基準においては，その他有価証券評価差額金，繰延ヘッジ損益，為替換算調整勘定，退職給付にかかる調整額のほか，OCI項目として計上することが適当であると認められるものはOCIに計上することができる（「連結財務諸表の用語，様式及び作成方法に関する規則」（連結財規）69条の5）。ただし，IFRS会計基準と同様，OCI項目として計上することが適当であるかの判断を個々の企業が行うことはできない。また日本基準では，OCIに含まれる項目は特定の条件を満たした場合にすべてリサイクリング（組替調整）されるが，IFRS会計基準では，上記に記載のとおり組替調整されることのない項目がある。

④　OCI項目の表示

C/Iに含めるOCI項目に関連する収益および費用は，先に説明したとおり，次の2つの区分のいずれかに分類しなければならない（IFRS第18号88項）。

---
　a．特定の条件を満たした時に純損益に振り替えられる収益および費用
　b．純損益に振り替えることのない収益および費用

上記の区分のそれぞれにおいて，下記に関する科目を表示しなければならない（IFRS第18号89項）。

---
　a．持分法を用いて会計処理する関連会社および共同支配企業のOCIに対する持分相当額
　b．OCIの他の項目

以上は**図表4－1**および**図表4－2**で確認できる。
　OCIの内訳項目にかかる組替調整額は，C/Iに表示するか，または，注記で開示することが求められる（IFRS第18号90項）。組替調整額を注記で開示する場合には，C/Iには関連する組替調整を行った後のOCIの項目を表示する

(IFRS第18号92項)。

　また，OCIの各項目(組替調整額を含む)にかかる法人所得税の額を，C/Iに表示するか，または注記で開示しなければならない(IFRS第18号93項)。これに関しては，OCIの項目を次のいずれかの形で表示することができる(IFRS第18号94項)。

---

　a．関連する税効果を控除後の純額
　b．税効果控除前(当該項目にかかる法人所得税の総額を単一の金額で示す)

　上記ｂの方法を選択する(すなわち，OCI項目は総額で表示し，法人所得税の合計額を単一の金額で示す)場合には，税金を，その後に純損益に振り替える可能性のある項目と，その後に純損益に振り替えることのない項目とに配分しなければならない(IFRS第18号95項)。

　以下では，**図表４－５**としてａ．関連する税効果を控除後の純額でOCIを表示している例，**図表４－６**としてｂ．税効果控除前の金額でOCIの項目を表示し，当該項目にかかる法人所得税の総額を単一の金額で表示している例を示す。なお，前提として２計算書方式を採用している。

| 図表4-5 | OCI項目に関連する法人所得税の表示例（関連する税効果を控除後の純額で表示） |

C/I

		注記	20X2年	20X1年	
①	純利益		250	200	必須の小計
	純損益に振り替えられることのない収益および費用：				純損益に振り替えられることのない収益および費用
②	確定給付制度の再測定にかかる利得（損失）（税引後）	1	25	(20)	
③	関連会社および共同支配企業のOCIに対する持分相当額（税引後）	1	(10)	15	
④＝②+③	純損益に振り替えられることのない収益および費用の合計（税引後）		15	(5)	任意の小計
	特定の条件を満たした時に純損益に振り替えられる収益および費用：				純損益に振り替えられる収益および費用
⑤	在外営業活動体の換算差額（税引後）	1	(30)	30	
⑥	キャッシュ・フロー・ヘッジ損失（税引後）	1	(10)	(25)	
⑦＝⑤+⑥	特定の条件を満たした時に純損益に振り替えられる収益および費用の合計（税引後）		(40)	5	任意の小計
⑧＝④+⑦	OCI（税引後）	1	(25)	0	必須の小計
⑨＝①+⑧	包括利益合計		225	200	必須の合計

注記1　OCIの各内訳項目に関連した税効果の分析

	20X2年				20X1年			
	税引前	法人所得税（費用）便益	税引後		税引前	法人所得税（費用）便益	税引後	
純損益に振り替えられることのない収益および費用	20	(5)	15	④	(10)	5	(5)	④
確定給付制度の再測定にかかる利得（損失）	30	(5)	25	②	(25)	5	(20)	②
関連会社および共同支配企業のその他の包括利益に対する持分相当額	(10)	0	(10)	③	15	0	15	③
特定の条件を満たした時に純損益に振り替えられる収益および費用	(55)	15	(40)	⑦	20	(15)	5	⑦
在外営業活動体の換算差額	(40)	10	(30)	⑤	50	(20)	30	⑤
キャッシュ・フロー・ヘッジ損失	(15)	5	(10)	⑥	(30)	5	(25)	⑥
OCI	(35)	10	(25)	⑧	10	(10)	0	⑧

　　　　…C/Iに表示される数字

（図表4－5の表示は筆者作成，注記1はIFRS第18号に関する設例　PartⅠを参考に筆者作成）

図表4-6　OCI項目に関連する法人所得税の表示例（税効果控除前の金額でOCIの項目を表示し，当該項目に係る法人所得税の総額を単一の金額で表示）

C/I

		注記	20X2年	20X1年	
①	純利益		250	200	必須の小計
	純損益に振り替えられることのない収益および費用：				純損益に振り替えられることのない収益および費用
②	確定給付制度の再測定にかかる利得（損失）		30	(25)	
③	関連会社および共同支配企業のOCIに対する持分相当額		(10)	15	
④	純損益に振り替えられることのない収益および費用にかかる法人所得税	1	(5)	5	
⑤=②+③+④	純損益に振り替えられることのない収益および費用の合計		15	(5)	任意の小計
	特定の条件を満たした時に純損益に振り替えられる収益および費用：				純損益に振り替えられる収益および費用
⑥	在外営業活動体の換算差額		(40)	50	
⑦	キャッシュ・フロー・ヘッジ損失		(15)	(30)	
⑧	特定の条件が満たされる場合，純損益に振り替えられる収益および費用にかかる法人所得税	1	15	(15)	
⑨=⑥+⑦+⑧	特定の条件を満たした時に純損益に振り替えられる収益および費用の合計		(40)	5	任意の小計
⑩=⑤+⑨	OCI（税引後）	1	(25)	0	必須の小計
⑪=①+⑩	包括利益合計		225	200	必須の合計

注記1　OCIの各内訳項目に関連した税効果の分析

	20X2年			20X1年		
	税引前	法人所得税(費用)便益	税引後	税引前	法人所得税(費用)便益	税引後
純損益に振り替えられることのない収益および費用	20	(5) ④	15 ⑤	(10)	5 ④	(5) ⑤
確定給付制度の再測定にかかる利得(損失)	30 ②	(5)	25	(25) ②	5	(20)
関連会社および共同支配企業のその他の包括利益に対する持分相当額	(10) ③	0	(10)	15 ③	0	15
特定の条件を満たした時に純損益に振り替えられる収益および費用	(55)	15 ⑧	(40) ⑨	20	(15) ⑧	5 ⑨
在外営業活動体の換算差額	(40) ⑥	10	(30)	50 ⑥	(20)	30
キャッシュ・フロー・ヘッジ損失	(15) ⑦	5	(10)	(30) ⑦	5	(25)
OCI	(35)	10	(25) ⑩	10	(10)	0 ⑩

▨ …C/Iに表示される数字

(IFRS第18号に関する設例　Part I を参考に筆者作成)

> **Plus One Point**
>
> 　日本基準では，C/IにOCI項目に関する法人税および税効果の金額を控除した金額を記載するが，控除する前のOCI項目の金額に，当該法人税および税効果の金額を一括して加減して記載することも認められている（連結財規69条の5第4項）。税効果を控除後の純額で記載するか，税効果控除前の総額で記載するかについてはIFRS会計基準と差異はないと考えられる。ただし，開示の場所について，IFRS会計基準では，OCIの各項目（組替調整額を含む）にかかる法人所得税の額を，C/Iに表示しても，注記で開示してもどちらでもよいが，日本基準では，当該金額をOCI項目ごとに注記しなければならない（連結財規69条の6）。

> **Plus One Point**
>
> 　企業が，当期または比較期間のいずれにおいても認識されるOCI項目がない場合，どのようにC/Iを表示すべきかという疑問が生じる。IFRS第18号に明確なガイダンスがなく，複数の取扱いのうち（規制や法域の要求事項を満たしていることを条件に）次の取扱いが認められると考えられる。
> - 純利益以外に当期または前期の包括利益項目がなく，したがってC/Iが表示されていないという説明を記述した上で，P/Lの末尾を「純利益」で表示する。
> - 単一のC/Iの末尾の合計の行に，「純利益および包括利益合計」として表示する。

（3）　まとめ

　本章ではC/Iに関連する要求事項を説明した。

　本章（1）ではC/Iの基本的な構造について，財務業績の計算書の表示例を

示しながら,「1計算書」方式と「2計算書」方式について説明した。企業はこのどちらかの表示方法を選択できるが,どちらの方法が採用されたとしても,目的は,「包括利益合計」の金額に至ることである。「包括利益合計」は「所有者としての立場での所有者との取引による資本の変動以外の取引または事象によるある期間における資本の変動」と定義されるが,この「包括利益合計」に含まれない「所有者としての立場での所有者との取引による資本の変動」については,第6章で詳しく解説している。

　本章(2)ではOCIについて取り上げ,最初にP/LとOCIの関係を整理した。概念FWにも記載されているとおり,原則として,すべての収益および費用はP/Lに含まれる。例外的な状況において,IFRS会計基準が要求または許容する項目のみ,収益および費用をOCIに含めることになる。また,組替調整およびOCIに含める具体的な項目を概観したほか,関連する法人所得税の表示方法を中心にOCI項目の表示について解説した。

第 5 章
財政状態計算書（B/S）

　財政状態計算書（B/S）は，基本財務諸表に含まれる計算書であり，企業の報告期間の末日において認識された資産，負債および資本に関連する有用な体系化された要約を提供するものである。本章ではB/SおよびB/S注記に関連する要求事項を解説する。まず資産，次いで負債について，流動または非流動への分類に関連する要求事項を中心に概観する。章の後半ではB/Sに表示またはB/S注記に開示すべき項目，およびB/Sの表示例を確認する。章の最後では資本に関連する要求事項にも簡単に触れている。

本章では，財政状態計算書（B/S）に関連する要求事項について説明する。IFRS第18号「財務諸表における表示及び開示」に含まれるB/Sに関する要求事項の多くは，IAS第1号「財務諸表の表示」から引き継がれている。

B/Sは，認識された資産（asset），負債（liability），持分（equity）を含む。これらの用語は財務報告に関する概念フレームワーク（概念FW）において以下のとおり定義されている（概念FW4.2項）。

- 資産とは，過去の事象の結果として企業が支配している現在の経済的資源である。
- 負債とは，過去の事象の結果として経済的資源を移転するという企業の現在の義務である。
- 持分とは，企業のすべての負債を控除した後の資産に対しての残余持分である。

本章ではこれ以上定義の詳細に立ち入ることはしないが，概念FWでは上記の定義の内容がより詳しく規定されている。

(1) 資　産

① 資産の流動または非流動への分類

まずは，資産について見ていくこととしよう。資産をB/Sに表示するにあたっては，流動性に基づく表示がより有用な体系化された要約を提供する場合を除き，資産を流動資産と非流動資産それぞれ独立の分類として表示する必要がある（IFRS第18号96項）。IFRS会計基準では，特定の要件を満たすものを流動資産とし，それ以外の資産をすべて非流動資産とすることを求めている。資産は，次の要件のいずれかを満たす場合，流動資産として分類する（IFRS第18号99項）。

> a．正常営業循環期間において，当該資産を実現させることを見込んでいるか，または販売もしくは消費することを意図している。
> b．主として売買目的で当該資産を保有している。
> c．報告期間後12か月以内に当該資産を実現させることを見込んでいる。

> d．当該資産が現金または現金同等物である（交換または負債の決済に使用することが，報告期間後少なくとも12か月にわたり制限されている場合を除く）。

以下では，上記のa～dの要件について見ていくこととしたい。

② 流動資産の分類要件の検討

まずは上記aの要件についてだが，この要件には正常営業循環期間が含まれている。企業の営業循環期間とは，加工のために資産を取得し，それが現金または現金同等物として実現するまでの期間をいう。すなわち，正常営業循環過程の一環として販売，消費または実現される資産（例えば棚卸資産や売掛金）は，流動資産に分類される。これは，報告期間後12か月以内に実現が見込まれていない場合，すなわち営業循環期間が1年を超える場合であっても同じである。ただし，企業の正常営業循環期間が明確に識別できない場合には，その期間は12か月であると仮定する（IFRS第18号B95項）。

次に要件bを見てみよう。主として売買目的で保有されている資産は流動資産に分類される。例えばブローカー／トレーダーが保有するコモディティ（IAS第2号「棚卸資産」5項）や，IFRS第9号「金融商品」における売買目的保有の定義に該当する一部の金融資産などが挙げられるであろう。

続いて要件cであるが，この要件は報告期間後12か月以内に資産を実現させることを見込んでいることを求めている。例えば，満期が報告期間後36か月に到来する貸付金のうち，12か月以内に回収を予定している部分はこの要件を満たすと考えられる。

最後に要件dであるが，現金または現金同等物（定義は第7章参照）が流動資産に分類されるという点は，直感的にもわかりやすいであろう。ここではむしろ，現金または現金同等物であっても，一定の制限の付されているものは流動資産に該当しない（裏を返すと，非流動資産に該当する現金または現金同等物が存在しうる）という点に留意が必要かもしれない。

③ 非流動に分類される資産

上述のa～dの流動資産の要件のいずれも満たさない資産は，すべて非流動資産として分類しなければならない（IFRS第18号100項）。IFRS第18号では，「非流動」という用語を長期性の有形資産，無形資産および金融資産を含むように使用しており，意味が明瞭である限りは，代替的な表現を使用することも可能である（IFRS第18号B94項）。非流動資産には，有形固定資産，のれん，無形資産，投資不動産，持分法で会計処理されている投資，報告期間後12か月超に回収が見込まれる金融資産などが含まれる。また，繰延税金資産（負債）は必ず非流動に分類することとされている（IFRS第18号98項）。

（2） 負　債

① 負債の流動または非流動への分類

続いて負債について見ていきたい。資産と同様，流動性に基づく表示がより有用な体系化された要約を提供する場合を除き，負債を流動負債と非流動負債それぞれ独立の分類としてB/Sに表示する（IFRS第18号96項）。また，これも資産と同様，特定の要件を満たす場合は負債を流動に分類し，要件を満たさない場合はすべて非流動に分類する（IFRS第18号102項）。ただし，資産を流動に分類する要件と負債を流動に分類する要件は必ずしも対照的になっていないため，留意が必要である。

企業は，次のいずれかの要件に該当する場合，流動負債に分類しなければならない（IFRS第18号101項）。

---

a．正常営業循環期間において当該負債を決済することを見込んでいる。
b．主として売買目的で当該負債を保有している。
c．当該負債の決済期限が報告期間後12か月以内に到来する。
d．報告期間の末日現在で当該負債の決済を報告期間後少なくとも12か月にわたり延期することのできる権利を有していない。

以下では，上記のa～dの要件について見ていくこととしたい。

② 流動負債の分類要件の検討

まず要件 a および b であるが、これは資産を流動に分類する要件とちょうど対照になっていることがおわかりいただけるであろう。a に関しては、「資産を実現させる」と「負債を決済する」が対応している。資産の実現については IFRS 会計基準で明確に定義されていないが、負債の決済については、現金または他の経済的資源等の相手方への移転であって負債の消滅を生じさせるものを指すと定義されている（IFRS 第18号 B107項）。正常営業循環期間の概念や12か月の期間なども同様に適用されるため、詳しくは上記（1）②を参照いただきたい。正常営業循環期間において使用される運転資本の一部を構成するため、決済期限が到来するのが報告期間後12か月超であっても流動負債に分類される可能性がある負債としては、買掛金や人件費その他の営業費用の発生額などが挙げられる（IFRS 第18号 B96項）。

さて負債を流動に分類する要件 c であるが、ここでもう一度対応する資産側の要求事項と比べてみていただきたい。資産の要件には見込みが含まれているのに対し、負債の要件にはこの語が含まれていない。例えば、報告期間の末日（期末日）後9か月で満期が到来する借入を企業が保有しており、期末日後財務諸表の公表承認前の期間（いわゆる後発期間）に、金融機関との間で返済期日を6か月延期することに合意した場合を考えてみよう。期末日において、企業はすでに金融機関と契約延長交渉に入っていて、契約は延長できる見込みだったかもしれない。しかしながら、借入の決済期限は期末日後12か月以内に到来するため、この借入金は流動負債に分類される。

この例で負債を流動に分類すると結論付けるには、要件 d についても慎重に検討しなければならない。d の要件は、2020年および2022年の IAS 第1号の修正により一部変更されたもので、適用もやや複雑なため、以下で項を改めて詳しく解説する。

③ 負債の決済を少なくとも12か月にわたり延期する権利

さて、上述の要件 d は、期末日に企業が負債の決済を報告期間後少なくとも12か月にわたり延期することのできる権利を有していない場合、負債を流動に分類することを求めている。ここで、決済を延期する権利は、実質を有してい

なければならず，期末日現在で存在していなければならない（IFRS第18号B99項）。

　この決済を延期する権利は，借入契約において定められた条件（特約条項）を企業が遵守することを条件としている場合がある。このような特約条項はコベナンツとも呼ばれ，実務でも広く観察される。特約条項が付されている場合の負債の分類については，以下の点に留意が必要である。

　まず，企業がいつの時点で特約条項を遵守しなければならないのかを整理する必要がある。例えば，特約条項の内容が，特定の日（基準日）に特定の財務指標を満たすことだとしよう。基準日が期末日以前である場合，特約条項の遵守状況は，期末日に決済を延期する権利が存在しているかに影響を与える。これは，期末日後の一定の日（例えば企業の決算発表日）にしか融資者が遵守状況を評価しない場合でも同様である。一方で，基準日が期末日後である場合，特約条項の遵守状況は，期末日に決済を延期する権利が存在しているかに影響を与えない（IFRS第18号B100項）。

　企業が期末日現在，既存の融資枠に基づいて，債務について期末日後少なくとも12か月にわたるロールオーバー（借換え）を行う権利を有している場合，当該債務は非流動に分類される。これは，ロールオーバーを行わなければ期末日後12か月以内に決済期限が到来する場合も同様である。ただし，企業がそのような権利を有していない場合，たとえ借換えが行われる可能性が高かったとしても，借換えの可能性は考慮せずに当該債務を流動に分類する（IFRS第18号B101項）。

　さて，基準日が期末日以前であって，企業が基準日に特約条項に違反した場合はどうなるであろうか。この違反により，期末日時点で債務が要求払となる場合，企業は期末日現在で負債の決済を少なくとも12か月延期できる権利を有していないため，当該負債は流動に分類される。これは後発期間に融資者が違反の結果としての返済を要求しないことに合意した場合も同様である（IFRS第18号B102項）。ただし，融資者が期末日までにこのような合意を行った場合，当該負債は非流動に分類される（IFRS第18号B103項）。

　ここで，負債の分類はあくまでも期末日時点で権利が存在するかにより判断されるものであり，企業の意図や権利行使の可能性には影響されない点に留意

が必要である。したがって，負債を非流動に分類する要件を満たしている限り，たとえ経営者が当該負債を期末後12か月以内に決済することを意図しているかまたは見込んでいる場合や，あるいは企業が当該負債を後発期間に決済した場合であっても，当該負債は非流動に分類される（IFRS第18号B104項）。

なお，後発期間に以下の事象が発生している場合，IAS第10号「後発事象」に従い，修正を要しない後発事象として開示される（IFRS第18号B105項）。

- 流動に分類した負債の長期での借換え
- 流動に分類した長期借入契約の違反の是正
- 流動に分類した長期借入契約の違反を是正するための猶予期間を融資者から与えられたこと
- 非流動に分類した負債の決済

借入契約から生じた負債の決済を延期する権利が期末日後12か月以内に企業が特約条項を遵守することを条件としている場合に，当該負債を非流動負債として分類することがある。この場合，当該負債を期末日後12か月以内に返済が求められる可能性があるというリスクを財務諸表利用者が理解できるよう，以下の情報を注記において開示しなければならない（IFRS第18号B106項）。

- 特約条項に関する情報（特約条項の内容および特約条項を遵守する時期を含む）および関連する負債の帳簿価額
- 企業が当該特約条項を遵守することが困難となる可能性があることを示唆する事実および状況（もしあれば）

（3）B/Sに表示または注記に開示すべき情報

① B/Sに表示すべき科目

続いて資本に関する説明に入る前に，B/Sに表示するか，または注記に開示すべき情報についてみていこう。企業は，B/Sにおいて以下の科目を表示する

ことが求められている（IFRS第18号103項）。

---

a．有形固定資産
b．投資不動産
c．無形資産
d．のれん
e．金融資産（下記のg，j，kを除く）
f．IFRS第17号「保険契約」の範囲に含まれる契約ポートフォリオのうち資産であるもの
g．持分法を用いて会計処理される投資
h．IAS第41号「農業」の範囲に含まれる生物資産
i．棚卸資産
j．売掛金およびその他の債権
k．現金および現金同等物
l．IFRS第5号「売却目的で保有する非流動資産および非継続事業」に従って売却目的保有に分類される資産と，売却目的保有に分類される処分グループに含まれる資産との合計額
m．買掛金およびその他の未払金
n．引当金
o．金融負債（上記のm，nを除く）
p．IFRS第17号の範囲に含まれる契約ポートフォリオのうち負債であるもの
q．IAS第12号「法人所得税」に基づく当期税金にかかる負債および資産
r．IAS第12号に基づく繰延税金負債および繰延税金資産
s．IFRS第5号に従って売却目的保有に分類される処分グループに含まれる負債

　また，B/Sには非支配持分，および親会社の所有者に帰属する発行済資本金ならびに剰余金も表示しなければならない（IFRS第18号104項）。

第5章 財政状態計算書(B/S) 151

> **Plus One Point**
>
> 　上記のうち,「d．のれん」を独立表示科目とする要求事項は,IFRS第18号により導入されたものである。のれんは,識別可能な資産ではなく残余としてのみ測定され,直接的には測定できない。このため,のれんの性質は区分表示を必要とするのに十分なほど無形資産の性質とは異なっているとIASBは考えた(IFRS第18号BC314項)。

② B/Sの構造および情報の提供個所

　続いて,B/Sの構造について考えてみたい。上述のとおり,流動資産と非流動資産,流動負債と非流動負債は,B/Sに独立の分類として表示される。ただし,流動性に基づく表示がより有用な体系化された要約を提供する場合,すべての資産および負債を流動性の順序で表示しなければならない(IFRS第18号96項)。

　上記の要求事項を除き,IFRS会計基準ではB/Sに項目を表示する順序または様式を定めていない。また,使用する記述および項目の順序,または類似した項目の集約は,企業および取引の性質に応じて修正される可能性がある点が明示されている(IFRS第18号106項)。

　資産,負債および資本に関する情報をB/Sに表示するか注記に開示するか,またそれぞれをどの程度集約し分解するかの決定にあたっては,第2章で説明した基本財務諸表と注記の役割,および集約と分解の原則に照らした判断が必要である。企業はこれを行うため,各項目が共有されている特徴(類似した特徴)を有しているのか,共有されていない特徴(異質な特徴)を有しているのかを評価する。そのような特徴には,資産または負債の性質,企業の事業活動における機能,回収または決済の残存期間および時期,流動性,測定基礎,測定の不確実性または結果の不確実性,規模,地域または規制環境,種類,税金への影響,資産の使用または負債の移転可能性に関する制限が含まれる(IFRS第18号B110項)。特徴が十分に異なっているため,B/Sで表示または注記で開示される可能性があるものとしては,有形固定資産,債権,棚卸資産,営業債務,引当金,持分資本および剰余金が含まれ,それぞれさらに分解が行われる

可能性がある（IFRS第18号B111項）。なお，サプライヤー・ファイナンス契約に関連する負債の表示および関連する注記については，第7章（4）④を参照されたい。

> **Plus One Point**
>
> 日本基準では，「連結財務諸表の用語，様式及び作成方法に関する規則」（連結財規）において，連結貸借対照表の様式第4号が提供されているほか，具体的な科目名や一括掲記する際の金額基準等が定められている（連結財規21条～39条）。また，資産および負債の科目の記載の配列は，原則として，流動性配列法によるとされている（連結財規20条）。

③ B/Sの表示例

それでは，以上を勘案したB/Sの表示例を見てみよう。**図表5－1**は，資産および負債をそれぞれ流動・非流動資産に区分して独立の分類とした場合の例である。なお，流動資産および流動負債と，非流動資産および非流動負債のいずれをB/Sで上に示すかは，IFRS会計基準は指定していない。

図表5－1　B/Sの表示例－流動・非流動の区分

	20X2年	20X1年
資産		
流動資産		
現金および現金同等物	800	750
営業債権およびその他の債権	1,200	1,000
棚卸資産	750	800
その他の流動資産	150	150
流動資産合計	2,900	2,700
非流動資産		
有形固定資産	1,600	1,650

無形資産	900	950
のれん	850	850
関係会社に対する投資	700	650
繰延税金資産	250	300
その他の非流動資産	200	100
非流動資産合計	4,500	4,500
資産合計	7,400	7,200

負債および資本

流動負債		
営業債務およびその他の債務	1,000	950
1年内返済予定借入金	600	500
未払法人所得税	400	450
その他の流動負債	100	100
流動負債合計	2,100	2,000
非流動負債		
長期借入金	1,500	1,550
退職給付にかかる負債	550	550
引当金	300	300
繰延税金負債	250	300
その他の非流動負債	200	150
非流動負債合計	2,800	2,850
負債合計	4,900	4,850
資本		
資本金	300	300
資本剰余金	100	100
利益剰余金	1,700	1,600
自己株式	(150)	(150)
親会社の所有者に帰属する持分合計	1,950	1,850
非支配持分	550	500
資本合計	2,500	2,350
負債および資本合計	7,400	7,200

以下の**図表5−2**は，すべての資産および負債を流動性の順序に従って表示したB/Sの例である。

図表5−2　B/Sの表示例−流動性の順序

	20X2年	20X1年
資産		
現金および現金同等物	8,000	7,800
買現先勘定および債券貸借取引支払保証金	2,000	1,800
トレーディング資産	700	650
デリバティブ金融商品	1,100	1,000
貸付金	12,200	11,800
有価証券	3,000	2,900
有形固定資産	140	140
無形資産	110	100
のれん	30	30
その他資産	700	750
繰延税金資産	20	30
資産合計	28,000	27,000
負債		
預金	18,200	17,900
売現先勘定および債券貸借取引受入担保金	2,400	2,300
トレーディング負債	500	400
デリバティブ金融商品	1,250	1,200
借入金	1,500	1,400
社債	1,300	1,250
引当金	120	100
その他負債	700	610
繰延税金負債	80	40
負債合計	26,050	25,200
資本		
資本金	200	200

その他の剰余金	1,200	1,100
非支配持分	550	500
資本合計	1,950	1,800
負債および資本合計	28,000	27,000

　図表5-2のような流動性の順序によるB/S表示は，実務上金融機関など，明確に識別可能な営業循環期間の中で財またはサービスを提供していない一部の企業で見られる。このような企業においては，資産および負債の表示を流動性の昇順または降順で行うほうが，**図表5-1**のような流動・非流動の区分表示よりも有用な体系化された要約を提供すると考えられる（IFRS第18号B91項）。

　また，より有用な体系化された要約を提供するために必要な場合には，一部の資産と負債をB/S上流動・非流動の分類を用いて表示し，他のものを流動性の順序に従って表示することが認められる。このような混合方式での表示は，企業が多様な事業活動を行っている場合に生じる可能性がある（IFRS第18号B92項）。

④　12か月より後に回収または決済が見込まれる金額の開示

　B/Sにおいて流動・非流動の区分または流動性の順序のいずれの表示方法を採用する場合でも，企業の流動性と支払能力を評価する際に，資産および負債の回収または決済の見込日を示す情報は有用である。このため，報告期間後12か月以内と12か月超の期間に回収または決済の見込まれる金額を合算している資産および負債の各科目について，12か月より後に回収または決済が見込まれる金額の開示が要求される（IFRS第18号97項）。例えば，棚卸資産などの非貨幣性資産の回収見込日や，引当金などの負債の決済見込日，金融資産および金融負債の満期分析の開示などがこれに当たる場合がある。

（4）株式資本および剰余金

① 自己資本の注記

　企業は，注記において，自己資本の管理に関する企業の目的，方針および手続を財務諸表利用者が評価できるようにする情報を開示しなければならない（IFRS第18号126項）。

　この要求事項に準拠するために，企業は注記において以下を開示しなければならない（IFRS第18号127項）。

---

a．自己資本の管理に関する企業の目的，方針および手続についての定性的情報（以下を含む）
　(i) 企業が何を自己資本として管理しているのかの記述
　(ii) 企業が外部から課された自己資本要求の対象となっている場合に，当該要求の性質および当該要求が自己資本の管理にどのように組み込まれているのか
　(iii) 企業はどのようにして自己資本管理の目的を達成しようとしているのか

b．企業が自己資本として管理しているのかに関する定量的データの要約。一部の企業は，一部の金融負債（例えば，一定の形式の劣後債務）を自己資本の一部とみなしている。他の企業は，資本の一部の内訳項目（例えば，キャッシュ・フロー・ヘッジから生じた内訳項目）を除いたものを自己資本とみなしている。

c．前報告期間からのaおよびbの変更

d．当報告期間中に，企業が対象となっている外部から課された自己資本要求を企業が遵守したかどうか

e．企業がそのような外部から課された自己資本の要求を遵守していなかった場合には，遵守しなかったことによる影響

　企業は，これらの注記開示の基礎を，経営幹部に内部で提供される情報に基

第5章　財政状態計算書（B/S）　157

づくものとしなければならない（IFRS第18号128項）。

　企業は，様々な方法で自己資本を管理し，様々な異なる自己資本の要求の対象となっている場合がある。自己資本の要求や自己資本をどのように管理しているのかについての集約した開示が有用な情報を提供しない場合，または企業の自己資本の源泉についての財務諸表利用者の理解を歪めることになる場合には，企業は当該企業が対象となっている自己資本の要求のそれぞれについて別個の情報を開示しなければならない（IFRS第18号129項）。

　ここで自己資本に関する開示情報はすべての企業にとって有用であると考えられることから，この開示の要求事項を外部の自己資本要求の対象となる企業に限定されていないことに留意すべきである。IAS第1号からこの考えに変更はない（IFRS第18号BCZ393項）。

　企業の資本は金融商品のみに関係するものではなく，より一般的な関連性を有している。このため，この開示要求は，金融商品にかかる開示基準であるIFRS第7号「金融商品：開示」ではなく，一般的な開示基準であるIFRS第18号に織り込まれている（IFRS第18号BCZ394項）。

　自己資本に関する開示は，自己資本の管理についての企業の目的，方針および手続に関する説明に関連したものでなければならないとされている。なぜならば，そうした説明は企業の資本戦略の重要な情報を伝えるとともに，その他の開示との関連性についても説明することになるからである（IFRS第18号BCZ396項）。

② 　株式資本の表示・開示

　企業は，以下の事項をB/Sまたは持分変動計算書（S/S）に表示するか，もしくは注記に開示するかのいずれかとしなければならない（IFRS第18号130項）。

ａ．株式資本のクラスごとに，
　(i)　授権株式数
　(ii)　全額払込みの発行済株式数および未払込額のある発行済株式数
　(iii)　1株当たりの額面金額または株式に額面がない旨
　(iv)　発行済株式総数の報告期間の期首と期末の調整表

> (v) 当該クラスの株式に付随している権利,優先権および制限(配当支払および資本の払戻しに関する制限を含む)
> (vi) 企業自身および企業の子会社または関連会社が保有している企業の株式
> (vii) オプション契約に基づく発行および株式の売渡契約のために留保している株式(契約条件および金額を含む)
> b. 資本に含まれている剰余金のそれぞれの内容および目的

　パートナーシップや信託などの株式資本がない企業は,上記aで要求している情報に相当する情報を開示し,資本持分の各区分の当期報告期間中の変動ならびに資本持分の各区分に付随している権利,優先権および制限を示さなければならない(IFRS第18号131項)。

　企業が次のものについて金融負債と資本との間で分類変更をした場合,各区分(金融負債または資本)への分類変更および各区分からの分類変更をした金額,ならびにその分類変更の時期および理由を開示しなければならない(IFRS第7号19B項)。用語の意味はIAS第32号「金融商品:表示」に規定されている。

> a. 資本性金融商品に分類されるプッタブル金融商品
> b. 清算時にのみ企業の純資産に対する比例的な取り分を他の当事者に引き渡す義務を企業に課す金融商品で,資本性金融商品に分類されているもの

Plus One Point

　IAS第32号に従い,B/Sで発行済株式について認識された金額の全部または一部が負債に分類される場合がある。この場合,親会社の所有者に帰属する発行済資本金および剰余金についてB/S上単一の科目として表示し,追加的な情報を注記で開示することは,一般的に認められると考えられる。ただし,関連する各法域の法的要求事項や実務には留意が必要である。

③ 企業自身および企業の子会社または関連会社が保有している企業の株式の開示

「企業自身および企業の子会社または関連会社が保有している企業の株式」（上記② a (vi)参照）の開示の要求事項が株式数に関するものか，保有にかかる資本の控除金額に関するものかは明確でない。IFRS第18号の他の開示に鑑みると，この文章は株式数について言及しているように思われる。しかし，IAS第32号では，保有している自己株式の金額は，IFRS第18号に従って，B/Sまたは持分変動計算書（S/S）に区分して表示するもしくは注記に開示するかのいずれかとされると規定されている（IAS第32号34項）。ここでは，自己株式数ではなく自己株式の「金額」について言及している。IFRS第18号の開示要求が不明瞭であることから，次の両方を開示することが望ましいと考えられる。

a．企業自身および子会社または関連会社が保有している企業の株式数
b．関連がある場合，自己株式の資本からの控除金額

④ 剰余金についての表示および開示

企業は，資本に含まれる剰余金のそれぞれの内容および目的を，B/SまたはS/Sに表示するか，もしくは注記のいずれかで開示しなければならない（IFRS第18号130項(b)）。

IFRS第18号は，財務諸表に剰余金のそれぞれの内容および目的に関して追加的な情報を含めることを要求する一方で，どのような情報が必要かに関して追加的な説明を示していない。有形固定資産再評価剰余金，資本剰余金，在外営業活動体の換算差額等の剰余金は，通常，財務諸表利用者が当該剰余金の内容および目的を理解するために，追加的な説明を必要としないと考えられる。しかし，企業が，資本において財務諸表利用者にあまり知られていない特別な剰余金を設定した場合には，当該剰余金の目的や使用目的に関する補足的な情報を提供すべきである。

(5) まとめ

　本章では，B/Sに関連する要求事項について概観した。B/Sに関連する要求事項の多くは，IAS第1号から引き継がれているものである。

　本章（1）では，資産に関連する要求事項として，資産の流動または非流動への分類における要件を確認した。4つの要件のうちいずれかを満たす資産は流動資産として分類され，いずれの要件も満たさない資産は非流動資産として分類する。

　次いで本章（2）で，負債に関連する要求事項として，負債の流動または非流動への分類における要件を確認した。資産の場合と同様，負債も4つの要件のうちいずれかの要件を満たす場合には流動負債として，いずれの要件も満たさない場合は非流動負債として分類する。負債を流動に分類する4つの要件は，資産を流動に分類する4つの要件と一見よく似ているが，必ずしも対称的になっているわけではない。また，この章では特約条項の付されている負債の分類についても詳しく解説した。

　本章（3）ではB/Sに表示すべき科目およびB/S注記で開示すべき情報について触れた。また，B/Sの表示例についても確認した。

　最後に本章（4）において，資本に関連する要求事項について概観した。

第 6 章
持分変動計算書（S/S）

　持分変動計算書（S/S）とは，期首と期末の間の企業の資本の変動を表し，当期中の純資産の増減を反映する基本財務諸表である。本章では，S/Sに関連する要求事項について説明する。最初にS/Sの基本的な構造について，S/Sの表示例を示しながら解説する。また，包括利益計算書（C/I）で表示される項目とS/Sで表示される項目の違いについて取り上げており，所有者の立場としての所有者との取引に含まれる，株主からの持分拠出や株主への配当についても説明している。

本章では，持分変動計算書（S/S）に関連する要求事項について説明する。S/Sに関連する具体的な要求事項はIFRS第18号「財務諸表における表示及び開示」によって修正されておらず，IAS第1号「財務諸表の表示」の要求事項が引き継がれている。

（1） S/Sの基本的な構造

S/Sは，報告期間の期首と期末の間の企業の資本の変動を表し，当期中の純資産の増減を反映するものである。基本的に，ある期間中の資本の変動は，企業の当期中の活動により生じた収益および費用（利得および損失を含む）の合計額を表している。上記に含まれない資本の変動としては，所有者の立場としての所有者との取引（例えば，株主からの持分拠出および株主への配当等），およびそのような取引に直接関連する取引コストがある（IFRS第18号112項）。この双方がS/Sに含まれることとなる。

> **Plus One Point**
>
> S/Sは資本の変動を表すが，日本語ではIFRS会計基準の文脈で「資本」「純資産」「持分」というよく似た用語が使用される。IAS第1号およびIFRS第18号の公式訳では原文のequityを「資本」と訳しているが，同じequityという語を財務報告に関する概念フレームワーク（概念FW）では，「持分」と訳しており，「企業のすべての負債を控除した後の資産に対しての残余持分」と定義している（概念FW4.63項）。一方，「純資産」は英語ではnet assetであり，IFRS会計基準では定義されていないが，報告期間の期首と期末の間の企業の資本の変動は，当期中の「純資産」の増減を反映する（IFRS第18号112項）ため，これら3つの用語に実質的な違いはないと考えられる。

具体的には，S/Sには以下の情報が含まれる（IFRS第18号107項）。

> a．当期の包括利益合計（親会社の所有者と非支配持分に帰属する合計額を区別して表示する）
> b．資本の各内訳項目について，IAS第8号「財務諸表の作成基礎」に従って認識した遡及適用または遡及的修正再表示の影響額
> c．資本の各内訳項目について，期首と期末の帳簿価額の調整表（最低限，次による変動を区別して表示）
>   (i) 純損益
>   (ii) その他の包括利益（OCI）
>   (iii) 所有者としての立場での所有者との取引（所有者による拠出と所有者への分配，および支配の喪失を生じさせない子会社に対する所有持分の変動を区分して示す）

　上記 b で記載した，IAS第8号に従って認識した遡及適用または遡及的修正の再表示の影響額とは，具体的には会計方針の変更および誤謬の訂正から生じた修正額が該当し，資本の内訳項目ごとに，その合計を個別に表示する（IFRS第18号107項(b)）。当該修正額は，過去の各期間および当期首について表示する。遡及適用または遡及的修正再表示の影響は当期の資本の変動ではないが，S/Sの前期の期末残高と当期の期首残高の調整項目を構成するので，これらはS/Sに含まれる（IFRS第18号108項）。

　S/Sに表示する資本の内訳項目には，例えば，各クラス別の拠出持分，OCIの各クラス別の累計額および利益剰余金が含まれる（IFRS第18号111項）。

　図表6－1は以上を反映したS/Sの例示である。

図表6－1　S/Sの表示例

	株式資本	利益剰余金	在外営業活動体の換算	確定給付制度
20X1年1月1日残高	10,000	10,800	(200)	300
会計方針の変更		50		
修正再表示後の残高	10,000	10,850	(200)	300
20X1年度中の変動額				
配当金		(500)		
P/L		2,000		
OCI			600	(250)
包括利益合計	0	2,000	600	(250)
20X1年12月31日残高	10,000	12,350	400	50
20X2年度中の変動額				
株式の発行	1,000			
配当金		(900)		
P/L		2,500		
OCI			(300)	400
包括利益合計	0	2,500	(300)	400
20X2年12月31日残高	11,000	13,950	100	450

(IFRS第18号に関する設例　Part I を参考に筆者作成)

Plus One Point

　上記 c に示されているように，資本の各内訳項目の調整表は，注記ではなくS/S本表に表示することが要求されている。

　IFRS第18号に付属する財務諸表の例示に記載されたS/Sは，資本の各内訳項目の列と合計の列がある複数列の形式を採用している。この様式は要求事項ではないため，企業は他の様式を採用することもできるが，実務上は一般的に採用されている。図表6－1もこの形式に沿っている。

　次の項目については，S/Sまたは注記のいずれかで開示する。

関連会社および共同支配企業のOCI持分	キャッシュ・フロー・ヘッジ	親会社の所有者に帰属する資本合計	非支配持分	資本合計
(150)	200	20,950	3,000	23,950
		50	10	60
(150)	200	21,000	3,010	24,010
		(500)		(500)
		2,000	400	2,400
300	(200)	450	20	470
300	(200)	2,450	420	2,870
150	0	22,950	3,430	26,380
		1,000		1,000
		(900)		(900)
		2,500	500	3,000
(200)	(100)	(200)	(5)	(205)
(200)	(100)	2,300	495	2,795
(50)	(100)	25,350	3,925	29,275

- OCI項目別の分析（IFRS第18号109項）
- 当期中に所有者への分配として認識した配当額，および関連する1株当たりの配当金額（IFRS第18号110項）

（2）配　当

　配当とは，資本性金融商品の保有者に対しての，特定のクラスの資本の保有に比例した利益の分配のことをいう（IFRS第9号付録A）。配当は所有者との

取引による資本変動の1つであるため、配当額については少なくとも合算でS/Sに表示する必要がある。しかし、個々の配当の詳細および1株当たりの金額は、報告期間後に提案または宣言された配当についての以下の注記（IFRS第18号132項）と併せて、一般的にはS/Sではなく注記で開示される。

> a. 財務諸表の公表の承認前に提案または宣言したが、当報告期中に所有者への分配として認識していない配当の金額、および関連する1株当たりの金額
> b. 認識していない累積型優先配当の金額

包括利益計算書（C/I）で配当の表示を行うことは認められない。なぜなら、C/Iは、所有者としての立場での所有者との取引による資本の変動以外の取引およびその他の事象による、ある報告期間における資本の変動を表示する計算書であり（第4章参照）、配当は所有者の立場としての所有者に対する配分であるため、定義上C/Iに含めることはできないからである。結果として、配当は所有者のすべての資本の変動を表示するS/Sに表示されることとなる（IFRS第18号BCZ318項）。

Plus One Point

　企業は現金配当の代わりとして株式を発行する場合がある。これは、「株式配当（stock dividendまたはshare dividend）」や「証書配当（scrip dividend）」などと呼ばれることがある。このような場合、通常株主は、現金と株式のいずれで配当を受け取るかを選ぶ権利を与えられる。株式配当は、法域により異なる法的形式をとることがある。

　純粋な（すなわち、現金配当の選択肢がない）株式配当は、資本の減少を伴わないため、厳密には「所有者への分配」ではない。したがって、S/Sでは、純粋な株式配当は表示科目に含まれない。

　しかし、株主が現金を受け取るか株式を受け取るかの選択肢を有する場合、通常、所有者への分配を伴う。IFRS会計基準では、このような場合の適切な会計処理に関する特定のガイダンスを設けていないが、会計方針の選択は

現地の法律または規制当局の要求事項により制限されることがある。一般的な表示方法の1つは，株主が現金よりも株式を受け取ることを選択する割合に関係なく，S/Sまたは注記において，すべてを「現金同等物」で表示することである。このように配当がその「総額」で表示される場合，当該配当の株式の要素を反映するために，S/Sに別の貸方項目が生じる。

明確なガイダンスがなく，その他の表示方法も認められる可能性はあるが，いずれにせよ注記で処理方針の追加的な説明が必要になると考えられる。

（3） 資本拠出およびみなし分配

資本拠出（capital contribution）という用語は，IFRS会計基準では定義されていない。一般的には，所有者による拠出，すなわち，返済やそれを受け取ったことによる対価として何らかの行為をする義務を企業に課すことなく，企業の資本を増加させる，所有者により企業に対して行われる贈与を意味するものとして受け入れられている。資本拠出は，親会社から100％子会社に対して実施されることが最も多いが，その他の状況でも実施される場合がある。

企業とその所有者間の取引が独立第三者間価格に基づいていない場合でも，そのすべてが資本拠出（または利益の分配）の性格を有しているとは限らない。例えば，親会社から子会社に安価に土地が売却された場合でも，それが資本拠出に当たるかは取引の事実と状況に基づいた判断が必要とされる。IAS第24号「関連当事者についての開示」では，関連当事者間取引の開示を要求しているが，独立第三者間価格とは異なる価格で取引されたとしても，他のIFRS会計基準の要求事項を越えてそのような取引の公正価値をP/Lに反映することは要求していない。

資本拠出の受取人側は，資本拠出を当期のP/LまたはC/Iに含めることはできず，S/Sに表示する。これは，株主の資金の増加は，概念FWに定義される「収益」ではないからである。概念FWにおいて，収益とは，持分の増加を生じる資産の増加または負債の減少のうち，持分請求権の保有者からの拠出にかかるものを除いたものと定義されている（概念FW4.68項）。したがって，収益

は「持分請求権の保有者からの拠出」からは生じない。P/LおよびC/Iに認識されるのは収益および費用であるため，収益ではない資本拠出の受取は，これらの計算書に表示することができないのである。

　本節の最後に，みなし分配についても簡単に触れておこう。みなし分配は，例えば，子会社が親会社に無利息で貸付を行う場合に生じる。当該貸付は，IFRS第9号「金融商品」に従い，当初認識時に公正価値で測定する必要がある。無利息貸付の公正価値を，額面を市場金利で割り引くことにより算出するとすれば，当該割引の影響分だけ公正価値が額面を下回ることとなる。この差額は，子会社にとって将来回収することのできない金額であり，親会社への分配として認識する。概念FWにおいて，費用とは，持分の減少を生じる資産の減少または負債の増加のうち，持分請求権の保有者への分配にかかるものを除いたものと定義されている（概念FW4.69項）。このため，このようなみなし分配は，P/LまたはC/Iではなく，他の配当と同様にS/Sに表示されるべきである。

（4）　まとめ

　本章ではS/Sに関連する要求事項を説明した。S/Sに関連する具体的な要求事項は，IAS第1号から変更されずにIFRS第18号に引き継がれている。
　本章（1）では，S/Sの基本的な構造について，表示例を示しながら，資本の各内訳項目の調整表を表示することが求められている点を説明した。
　本章（2）では，配当は所有者の立場としての所有者に対する配分であるため，C/IではなくS/Sに表示されることを説明した。なお，現金配当の代わりに株式を発行する場合（株式配当など）については，明確なガイダンスがないため，追加的な説明が必要になると考えられる。
　本章（3）では，IFRS会計基準では定義されていない，資本拠出やみなし分配について解説した。資本拠出やみなし分配に該当するかどうかは，取引の事実と状況に基づいた判断が必要である。概念FWの収益および費用の定義を満たさない場合，P/LやC/Iではなく，S/Sに表示されることを解説した。なお，C/Iに含まれる項目については，第4章で詳しく解説している。

第 **7** 章
キャッシュ・フロー計算書（C/S）

　キャッシュ・フロー計算書（C/S）は，期中のキャッシュ・フローを営業，投資および財務活動に分類して表示することにより，企業の現金および現金同等物の変動の実績に関する情報を提供する。本章ではC/Sに関連する要求事項を概観する。まず，C/Sの基礎となる現金および現金同等物の定義を解説する。次いで，C/Sの構造を確認し，営業活動，投資活動および財務活動によるキャッシュ・フローのそれぞれの定義を確認する。また，C/Sの表示方法や，キャッシュ・フローを上記3区分に分類するにあたっての個別論点についても触れる。個別論点のうち，間接法により営業活動によるキャッシュ・フローを報告する際の開始点と利息および配当に関連するキャッシュ・フローの区分に関しては，IFRS第18号「財務諸表における表示及び開示」により要求事項が修正されたものである。最後に，C/Sに関連する注記について概括している。

本章ではキャッシュ・フロー計算書（C/S）に関連する要求事項を解説する。C/Sに関連する要求事項は，主にIAS第7号「キャッシュ・フロー計算書」に含まれている。IFRS第18号「財務諸表における表示及び開示」による結果的修正により，IAS第7号の一部の要求事項が修正された。

(1) C/Sの概要

キャッシュ・フローとは，現金および現金同等物の流入と流出をいい（IAS第7号6項），C/Sは各期間の企業の現金および現金同等物の変動実績を表したものである。企業のキャッシュ・フローに関する情報は，財務諸表利用者に対して，企業が現金および現金同等物を生成する能力と，当該キャッシュ・フローを企業が利用する必要性を評価するための基礎を提供する上で有用である。また，例えば純損益計算書（P/L）においては同一の取引または会計事象に対して企業により異なる会計処理方針が採用されている場合があるが，C/Sはそのような異なる会計処理方針の影響を取り除いた現金の流入と流出に関する情報なので，企業間の比較可能性も高くなる（IAS第7号4項）。

(2) 現金および現金同等物

① 現　金

ではまず，C/Sに含まれる現金および現金同等物とは何なのかを見ていこう。まず現金であるが，これは手許現金と要求払預金から構成される（IAS第7号6項）。手許現金は，文字どおり企業が手元に現物を保有している現金であり，外貨も含む。要求払預金はIAS第7号では定義されていないが，事前通知も違約金の支払もなしに現金を引き出せる預金を意味すると解されている。例えば，普通預金や当座預金は通常この条件に該当し，したがって現金である。一方，7日前事前通知預金は，引出の7日前の事前通知が要求されるため要求払預金（つまり現金）には該当しない。ただし，この預金は，現金同等物には該当する可能性がある。

② 現金同等物

では現金同等物とは何であろうか。現金同等物とは，短期の流動性の高い投資のうち，容易に一定の金額に換金可能であり，かつ，価値の変動について僅少なリスクしか負わないものをいい，投資またはその他の目的ではなく，短期の現金支払債務に充当するために保有されるものである（IAS第7号6項〜7項）。したがって，短期の流動性の高い特定の投資が現金同等物に該当するかを判断するためには，容易に一定の金額に換金可能か，価値の変動について僅少なリスクしか負わないか，という点を検討するとともに，その保有目的を確認し，短期の現金支払債務に充当する目的のために保有しているかを確認することが必要である。

また，現金同等物は「短期」保有であることが要求されるが，現金同等物として適格であるためには，通常，投資の満期が取得日から3か月以内であることが要求される（IAS第7号7項）。例えば，他の条件がすべて満たされているとして，償還期日までの残余期間が3か月の2年物債券を市場から購入する場合は，当該債券を現金同等物に分類することができる。一方で，例えば同じ2年物債券を償還期日までの残余期間が4か月の時点で購入した場合，企業は購入日において，原則として当該債券を現金同等物として分類できない。また，購入後1か月経過し，償還期日までの残余期間が3か月以下となった後の時点においても，同様に原則として当該債券を現金同等物として分類できない。ここで原則として，と書いたのは，例外的に3か月の指針からの乖離を正当化できる場合はこの限りではないためである（この場合は，当該債券を購入日から償還日までの4か月間現金同等物として分類する）。

なお，持分投資や金地金は，容易に換金可能であっても，一般的にその現金の金額が不明で，価値変動リスクも軽微ではないため，通常は現金同等物の定義を満たさない。

銀行借入は，一般的に財務活動と考えられるが，要求払債務である当座借越は企業の資金管理の不可欠な部分を構成する場合があり，この場合には当座借越は現金および現金同等物に含められる。このような銀行契約の特徴は，銀行残高がプラスからマイナス（借越）へ変動することが多いことである（IAS第7号8項）。当座借越が企業の資金管理の不可欠な一部であるかどうかの評価

は，事実および状況の問題であるが，当座借越がプラスからマイナスへ変動することが多くない場合，これは当該取決めが資金管理の一部を構成しておらず，資金調達の一形態となっていることを示唆している。

なお，IAS第7号では，当座借越以外の短期借入金（短期の銀行借入金など）については，その性質が財務活動であるため，現金同等物に分類することを認めていない。

現金および現金同等物に関しては，次の開示が要求される（IAS第7号45項，46項）。

- 現金および現金同等物の内訳，およびC/Sにおけるこれらの金額と，財政状態計算書（B/S）で報告している相当する項目との調整
- 現金および現金同等物の内訳を決定する際に採用している方針

この注記において，C/S上の現金および現金同等物は，例えば，B/S上の「現金および預金」の項目と調整される。調整表および現金および現金同等物の内訳を決定する際に採用している方針の開示例を**図表7-1**に示す。

図表7-1　現金および現金同等物にかかる注記例

	20X2年3月31日現在	20X1年3月31日現在
現金および預金（B/S）	100	150
当座借越	(20)	(30)
現金および現金同等物（C/S）	80	120

現金および現金同等物は，現金および当初の満期が3か月以内である短期銀行預金から当座借越残高を控除したものです。当該資産の帳簿価額は，おおむね公正価値と同等となります。連結C/Sで表示している報告期間の末日現在の現金および現金同等物は，上記で示されているように連結B/Sの関連する項目と調整されています。

> **Plus One Point**
>
> 　ここで，現金および現金同等物の定義について日本基準との違いを見てみよう。日本基準では，現金同等物は，「容易に換金可能であり，かつ，価値の変動について僅少なリスクしか負わない短期投資をいう」（連結キャッシュ・フロー計算書等の作成基準（以下「連キャ基準」）第二 ― 2）とされている。IFRS会計基準の定義では，「流動性の高い」や「一定の金額に」という文言を含んでいるほか，現金同等物の保有目的が明記されている点が異なるため留意が必要である。なお，現金の定義はIFRS会計基準と日本基準とで差異はない。

　なお，現金または現金同等物を構成する項目の変動は，企業の営業活動，投資活動および財務活動の一部というよりは，企業の資金管理の一部であるため，キャッシュ・フローから除かれる。資金管理には，余剰現金を現金同等物に投資することが含まれる（IAS第7号9項）。したがって，例えば，現金同等物の定義を満たす短期投資を現金で購入する取引は，C/Sには表示されない。

（3） C/Sの構成

　C/Sは，期中のキャッシュ・フローを，営業，投資および財務の諸活動に区分して報告する（IAS第7号10項）。これは，第3章で見たP/Lの3区分と同じ名称であるが，その区分に含まれる項目は両者で異なる。以下ではC/Sの区分ごとに，その定義と含まれる項目を確認するが，その前にC/Sの一般的な構造を**図表7－2**に示しておこう。

> **図表7-2　C/Sの構造**

営業活動によるキャッシュ・フロー
顧客からの収入
仕入先への支出
・・・
法人所得税控除前の営業活動から生じる現金
法人所得税支払額
営業活動からの現金純額

投資活動によるキャッシュ・フロー
有形固定資産の購入による支出
設備の売却による収入
利息受取額
配当金受取額
・・・
投資活動において使用された現金純額

財務活動によるキャッシュ・フロー
株式の発行による収入
長期借入金による収入
リース負債の返済額
利息支払額
配当金支払額
・・・
財務活動において使用された現金純額

現金および現金同等物の純増加額
現金および現金同等物期首残高
現金および現金同等物期末残高

　なお，一部の項目については**図表7-2**と異なる表示方法や表示区分が認められるが，これについては後述する。

① 営業活動

C/Sにおける営業活動とは，企業の主たる収益獲得活動およびその他の活動のうち，投資活動や財務活動に含まれないものをいう（IAS第7号6項）。他の区分に含まれないものからなる残余区分であるという点においては，P/Lの営業区分と類似性があるともいえる。営業活動によるキャッシュ・フローは，主として，企業の主たる収益獲得活動から生じる。営業活動によるキャッシュ・フローの例としては次のものがある（IAS第7号14項）。

> a．物品の販売およびサービスの提供による現金収入
> b．ロイヤルティ，報酬，手数料およびその他の収益による現金収入
> c．財およびサービスの仕入先に対する現金支出
> d．従業員に対する支出または従業員のための支出
> e．法人所得税の支払または還付（財務活動または投資活動に明確に関連付けできる場合を除く）
> f．売買目的で保有する契約からの収入および支出
> g．主要な事業活動として資産に投資しているか，または顧客にファイナンスを提供している企業における，配当の現金収入ならびに利息の現金収入および支出（以下⑩参照）

aからdまでは，主たる収益獲得活動から生じる収入および支出としてイメージしやすいのではないだろうか。eに関して，法人所得税の支払または還付にかかる収益および費用はP/Lでは法人所得税区分に含まれるが，これに相当する区分はC/Sには設けられていない。関連する収入および支出は，C/Sにおいて，財務活動または投資活動に明確に関連付けできる場合を除き，営業活動によるキャッシュ・フローに含まれる。また，fに記載のとおり，売買目的の有価証券の購入と売却から生じるキャッシュ・フローは，投資活動ではなく営業活動に分類される点に留意が必要である（IAS第7号15項）。gについては，IFRS第18号によりIAS第7号の要求事項が修正された部分であり，以下⑩で解説する。

② 投資活動

C/Sにおける投資活動とは，長期性資産および現金同等物に含まれない他の投資の取得および処分ならびに一部の利息および配当の受取をいう（IAS第7号6項）。投資活動によるキャッシュ・フローは，将来の収益およびキャッシュ・フローの生成を意図した資源に対してどれくらいの投資が行われたかを表すものであるため重要である。投資活動から生じるキャッシュ・フローの例としては次のものがある（IAS第7号16項）。

a．有形固定資産，無形資産およびその他の長期資産を取得するための現金支出（資産計上された開発費および自家建設による有形固定資産に関連する支出を含む）
b．有形固定資産，無形資産およびその他の長期資産の売却による現金収入
c．他の企業の資本性金融商品または負債性金融商品（関連会社および共同支配企業に対する持分を含む）を取得するための現金支出
（現金同等物とみなされる金融商品または売買目的保有の金融商品に関する支出を除く）
d．他の企業の資本性金融商品または負債性金融商品（関連会社および共同支配企業に対する持分を含む）の売却による現金収入
（現金同等物とみなされる金融商品および売買目的保有の金融商品に関する収入を除く）
e．他者に対する貸出（金融機関による貸出を除く）
f．他者に対する貸出（金融機関による貸出を除く）の返済による収入
g．先物契約，先渡契約，オプション契約およびスワップ契約による支出（ただし，その契約が売買目的で保有される場合やその支出が財務活動に分類される場合を除く）
h．先物契約，先渡契約，オプション契約およびスワップ契約による収入（ただし，その契約が売買目的で保有される場合やその収入が財務活動に分類される場合を除く）

> ⅰ．一部の利息および配当からの現金収入（以下⑩参照）

　まず，aおよびbとして，有形固定資産および無形資産の取得支出および売却収入が含まれている。第3章で確認したように，P/Lにおいては，個別に企業の他の資源からおおむね独立してリターンを生み出すその他の資産に該当しない有形固定資産や無形資産に関連する収益および費用，例えば減価償却費や減損損失等は営業区分に含まれていた。これに対して，C/Sにおいては，その内容にかかわらず，有形固定資産（例えば製造設備）や無形資産（例えばソフトウェア）の取得支出および売却収入はすべて投資活動によるキャッシュ・フローに分類されるため，留意が必要である。このキャッシュ・フローの取扱いは，P/Lに3区分を導入したIFRS第18号によっても変更されていない。

　続いてcおよびdとして，関連会社および共同支配企業に対する持分を含む，他の企業への投資の取得支出および売却収入が含まれている。ただし，現金同等物とみなされる金融商品の取得支出および売却収入は含まれない。対象の金融商品が現金同等物とみなされる場合，例えば現金を使用して現金同等物を取得したという状況であるから，これは現金および現金同等物の変動に当たらず，当該項目はC/Sに含まれない。また，対象となる金融商品が売買目的保有の場合は，上述のとおり営業活動によるキャッシュ・フローに含まれることとなる。

　次にeおよびfとして，他者に対する貸出支出およびその返済収入が挙げられている。金融機関による顧客への貸出支出および返済収入は，営業活動によるキャッシュ・フローに含まれるためここでは除かれている。

　さらに，gおよびhにおいて，先物契約，先渡契約，オプション契約およびスワップ契約による収入および支出が挙げられている。ここでも対象となる金融商品が売買目的保有の場合は，当該収入および支出は営業活動によるキャッシュ・フローに含まれる。また，当該収入および支出が財務活動に該当する場合，すなわち企業の拠出資本および借入の規模と構成に変動をもたらす場合には，財務活動によるキャッシュ・フローに含まれる。例えば自己の株式を取得するオプション契約におけるオプション行使時の支出などが該当する。なお，IAS第7号では，ヘッジ会計を適用していないが経済的ヘッジ関係にあるデリ

バティブのキャッシュ・フローの表示を取り扱っていないが，経済的ヘッジ関係にあるデリバティブのキャッシュ・フローを関連する取引から生じるキャッシュ・フローの区分に基づいて区分することは，選択した表示方法を継続的にすべての類似する取引に対して適用する前提で許容されると考える。

最後に，ⅰであるが，これについてはIFRS第18号によりIAS第7号の要求事項が修正された部分であり，少し複雑なので，後ほど⑩で改めて説明する。

③ 財務活動

財務活動とは，企業の拠出資本および借入の規模と構成に変動をもたらす活動をいう（IAS第7号6項）。財務活動によるキャッシュ・フローの例としては次のものがある（IAS第7号17項）。

---
a．株式またはその他の資本性金融商品の発行による現金収入
b．企業自身の株式の買戻しまたは償還のための，所有者への現金支出
c．無担保社債，借入金，手形借入，有担保社債，抵当権付借入およびその他の短期または長期の借入による現金収入
d．借入金の返済による現金支出
e．リースにかかる負債残高を減少させるための借手の現金支出
f．一部の配当の現金支出（以下⑩参照）
g．一部の利息の現金支出（以下⑩参照）

財務活動は大きく分けて株式による資金調達に関連するもの（a，b，f）と，借入等による資金調達に関連するもの（c，d，e，g）がある。「e．リースにかかる負債残高を減少させるための借手の現金支出」に関しては，P/Lにおいては利息費用部分のみが財務区分（残りは営業区分）に含められるのに対し，C/Sでは全額財務活動に含められる点に留意が必要である。

④ 営業活動によるキャッシュ・フローの報告（直接法・間接法）

営業活動によるキャッシュ・フローは，直接法か間接法のいずれかを用いて報告する（IAS第7号18項）。直接法は，間接法では得られない情報を提供す

るため，IAS第7号では直接法の使用が推奨されている（IAS第7号19項）。直接法と間接法の定義は以下のとおりであるが，⑤および⑥において営業活動によるキャッシュ・フローの表示例を，「特定の主要な事業活動を行っていない企業」と，「主要な事業活動として顧客にファイナンスを提供している企業」に分けて紹介する。なお，「主要な事業活動」の決定については，第3章（3）を参照。

---

a．直接法……主要なクラスごとの現金収入総額と現金支出総額を開示する方法
b．間接法……次のものについて営業損益を調整する方法
- 非資金的性質の取引項目の影響
- 将来または過去の営業活動からの現金収入または現金支出の繰延べまたは見越し
- P/Lの営業区分に分類した収益または費用のうち，関連するキャッシュ・フローが投資活動または財務活動のいずれかによるキャッシュ・フローに分類されているもの
- 営業活動によるキャッシュ・フローのうち，関連する収益または費用がP/Lの営業区分に分類されていないもの

Plus One Point

　日本では実務上，間接法を用いた表示が多く採用されている。日本基準においては，直接法か間接法のいずれかの方法により表示しなければならないとされており（連キャ基準 第三 一），IFRS会計基準のように直接法が推奨されているわけではない。

　IFRS第18号の公表に伴い，間接法により営業活動によるキャッシュ・フローを報告する際の開始点が営業損益と規定された。間接法は，営業損益を次の項目の影響について調整することにより算定される（IAS第7号20項）。

> a．棚卸資産および営業債権・債務の期中変動額
> b．非資金項目
> c．P/Lの営業区分に分類された収益または費用のうち、現金への影響が投資活動または財務活動によるキャッシュ・フローとなるもの
> d．対応する収益または費用がP/Lの営業区分に分類されていない営業活動によるキャッシュ・フロー

bについては、例えば、P/Lの営業区分に分類される減価償却費、引当金、および未実現為替差損益などの項目が挙げられる。cについては、例えば、有形固定資産の一部として資産化された支払利息が考えられる。この利息は、減価償却費の一部としてP/L上営業区分に分類されるが、C/Sにおいては財務活動に分類されることがあり、この場合、間接法における調整項目となる。dについては、例えば法人所得税が考えられる。

Plus One Point

> IFRS第18号が公表される前は、IFRS会計基準において間接法により営業活動によるキャッシュ・フローを報告する際の開始点が明確に定められていなかった。日本のIFRS会計基準適用企業の実務においては、税引前純利益を始点とする会社が多く、純利益を始点とする例もみられた。なお、日本基準では、営業活動によるキャッシュ・フローの表示方法として、税金等調整前当期純利益を始点とする旨規定されている（連キャ基準 第三－2）。

⑤ 特定の主要な事業活動を行っていない企業の営業活動によるキャッシュ・フローの例示

以下では、特定の主要な事業活動を行っていない企業（第3章参照）の営業活動によるキャッシュ・フローについて例示する。**図表7－3**が直接法、**図表7－4**が間接法を用いた表示例である。

図表7－3　直接法を用いた営業活動によるキャッシュ・フローの表示例

営業活動によるキャッシュ・フロー	
顧客からの収入	5,000
仕入先への支出	(1,800)
従業員への支出	(800)
その他の現金支出	(1,200)
法人所得税控除前の営業活動から生じる現金	1,200
法人所得税支払額	(360)
営業活動からの現金純額	840

図表7－4　間接法を用いた営業活動によるキャッシュ・フローの表示例

営業活動によるキャッシュ・フロー	
営業利益	3,300
調整：	
減価償却費	350
償却費	100
	3,750
売掛金の増加額	(500)
棚卸資産の減少額	1,100
営業債務の減少額	(1,800)
法人所得税控除前の営業活動から生じる現金	2,550
法人所得税支払額	(800)
営業活動からの現金純額	1,750

⑥ 主要な事業活動として顧客にファイナンスを提供している企業の営業活動によるキャッシュ・フローの例示

続いて，主要な事業活動として顧客にファイナンスを提供している企業の営業活動によるキャッシュ・フローの表示例を**図表7－5**で示す。以下では直接法を用いた表示を例示するが，金融機関では次の活動から生じたキャッシュ・

フローは，純額で報告することができるとされている（IAS第7号24項）。

> a．満期日が固定された預金の受入れと払出しに関する収入と支出
> b．他の金融機関への預金の預入れと引出し
> c．顧客に対する貸出による支出とその返済による収入

図表7-5　直接法を用いた営業活動によるキャッシュ・フローの表示例

営業活動によるキャッシュ・フロー	
利息および手数料受取額	3,000
利息支払額	(2,400)
配当受取額	20
従業員および仕入先に対する支出	(100)
営業資産の（増加）減少	
顧客に対する貸出	(280)
クレジット・カード債権の純増加額	(360)
営業負債の増加（減少）	
顧客の預金	600
譲渡性預金	(200)
法人所得税控除前の営業活動による現金純額	280
法人所得税支払額	(130)
営業活動からの現金純額	150

⑦　投資活動および財務活動によるキャッシュ・フローの報告

　投資活動および財務活動によるキャッシュ・フローに関しては，営業活動によるキャッシュ・フローのような報告形式の選択肢はなく，それぞれの活動から生じた総収入および総支出の主要な区分を，区別して報告しなければならない（IAS第7号21項）。

⑧ 純額でキャッシュ・フローを報告できる場合

キャッシュ・フローは総額で表示することが原則であるが，上記⑥に示した金融機関における一定の活動から生じたキャッシュ・フローのほか，営業，投資，財務の活動から生じたキャッシュ・フローのうち，次のものについてのみ純額で表示することも認められる（IAS第7号22項）。

> a．顧客の代理として授受する収入および支出（キャッシュ・フローが企業の活動ではなく，顧客の活動を反映している場合）
> b．回転が速く，金額が大きく，かつ期日が短い項目における収入および支出

aについては，例えば，銀行の要求払預金の受入れおよび払戻し，投資会社が顧客のために保有する資金，不動産の所有者に代わって回収し，不動産の所有者に支払う賃借料などがある（IAS第7号23項）。また，bについては例えば，クレジット・カード顧客にかかる元本額，投資の購入および売却，その他の短期借入（借入期間が3か月以内の借入とその返済など）がある（IAS第7号23A項）。

Plus One Point

上記aまたはbに該当する場合，企業はキャッシュ・フローを総額で表示するか純額で表示するか選択することが可能となる。どちらで表示するかについては，財務諸表利用者の意思決定に対する目的適合性や事象および状況の経済的実質を反映しているかどうかなどを加味して会計方針を選択する必要がある。選択した会計方針については，類似の取引その他の事象および状況について首尾一貫して適用しなければならない（IAS第8号13項）。

⑨ 外貨建のキャッシュ・フロー

外貨建のキャッシュ・フローは，次の2つの場合に発生する。

- 企業が外貨建のキャッシュ・フローが関わる外部取引を行う場合
- 連結C/Sに在外子会社のキャッシュ・フローが含まれる場合

　外貨建取引とは，外国通貨で表示されているか，外国通貨での決済を要求する取引であり（IAS第21号「外国為替レート変動の影響」20項），外国通貨とは，企業の機能通貨以外の通貨をいう（IAS第21号8項）。また，機能通貨とはその企業が営業活動を行う主たる経済環境の通貨をいう（IAS第21号8項）。日本基準では機能通貨の概念がないが，IFRS会計基準に基づく財務諸表の作成にあたっては，各企業がIAS第21号に従って，機能通貨を決定する必要がある。
　外貨建のキャッシュ・フローが関わる外部取引を行う場合，その外貨建のキャッシュ・フローをキャッシュ・フローの発生日に適用される為替レートで換算することにより，機能通貨で認識しなければならない（IAS第7号25項）。また，在外子会社のキャッシュ・フローは，発生日における機能通貨と当該外貨との間の為替レートで換算しなければならない（IAS第7号26項）。
　IAS第7号では，IAS第21号と整合する方法によって外貨建のキャッシュ・フローを報告するように規定しており（IAS第7号27項），IAS第21号では，実際レートに近似する平均為替レートの使用を認めている。例えば，外貨建取引の換算または在外子会社のキャッシュ・フローの換算に，その期間の加重平均為替レートを使用することができる。ただし，在外子会社のキャッシュ・フローを，報告期間末の為替レートを使用して換算することは認められない。また，個々の重大な取引については，実際のレートを使用することが必要になると考えられる。特に，多額の追加の現金投資が親会社から在外子会社へ送金される場合は，グループ内のキャッシュ・フローを消去できなくなるため，実際レートの使用が必要になると考えられる。

⑩　利息および配当金

　それでは利息および配当金に関連するキャッシュ・フローの表示を見てみよう。受取利息，受取配当金，支払利息および支払配当金によるキャッシュ・フローは，それぞれ区別して表示しなければならず，それぞれの項目は毎期継続

した方法で分類しなければならない（IAS第7号31項）。

　IFRS第18号適用に伴い，それまでIAS第7号で認められていた支払配当金・支払利息，受取配当金，受取利息によるキャッシュ・フローの分類の選択肢がほぼ削除された。この結果，支払配当金のキャッシュ・フローは，すべての企業において財務活動によるキャッシュ・フローに分類することとなった（IAS第7号33A項）。一方，受取利息，受取配当金および支払利息のキャッシュ・フローの取扱いは，特定の主要な事業活動を行っているか否かによって異なる。

　まず，特定の主要な事業活動を行っていない企業の場合，支払利息のキャッシュ・フローは財務活動によるキャッシュ・フローに，受取利息および受取配当金のキャッシュ・フローは投資活動によるキャッシュ・フローに含める（IAS第7号34A項）。

　特定の主要な事業活動を行っている企業，すなわち主要な事業活動として資産に投資しているか，または顧客にファイナンスを提供している企業は，P/Lにおいて利息収益，配当収益，利息費用を表示している区分に対応するC/Sの個所にキャッシュ・フローを含める必要がある（IAS第7号34B項）。

　ただし，受取利息のキャッシュ・フロー，受取配当金のキャッシュ・フロー，支払利息のキャッシュ・フローは，C/S上それぞれ単一の区分に含める必要がある。これは，企業がP/L上，これらの項目を複数の区分に含めている場合も同様である。そのような場合，企業は会計方針の選択として，C/Sのいずれの区分に対応するキャッシュ・フローを含めるかを決定する（IAS第7号34C項〜34D項）。

　例えば，P/L上，利息費用の一部を営業区分に，他の部分を財務区分に分類している場合，支払利息のキャッシュ・フローは，会計方針の選択により，C/S上，全額を営業活動によるキャッシュ・フローに含めるか，あるいは全額を財務活動によるキャッシュ・フローに含める。C/S上，当該キャッシュ・フローの一部を営業活動によるキャッシュ・フローに含め，他の部分を財務活動によるキャッシュ・フローに含めることは認められない。また，P/L上利息費用が含まれていない区分に対応するC/S上の区分にキャッシュ・フローを含めることはできないため，当該キャッシュ・フローの全額または一部を投資活動によるキャッシュ・フローに含めることはできない。

以上をまとめると**図表7－6**のようになる。

図表7－6　利息および配当金にかかるキャッシュ・フローの表示区分

	支払配当金	受取配当金	支払利息	受取利息
特定の主要な事業活動を行っていない企業	財務	投資	財務	投資
特定の主要な事業活動を行っている企業	財務	営業または投資（P/L表示区分と整合する必要）	営業または財務（P/L表示区分と整合する必要）	営業または投資（P/L表示区分と整合する必要）
（参考）IFRS第18号適用前のすべての企業	営業または財務	営業または投資	営業または財務	営業または投資

⑪　**法人所得税**

　法人所得税から生じたキャッシュ・フローは区別して表示し，財務活動および投資活動に明確に関連付けできる場合を除き，営業活動によるキャッシュ・フローに分類しなければならない（IAS第7号35項）。

　あらゆる種類の取引は税金に関連するが，各取引に関連する税金キャッシュ・フローの識別は実務上不可能であることも多く，また税金のキャッシュ・フローは原因となった取引とは異なる期間に生じる場合も多いため，税金支払額は通常，営業活動によるキャッシュ・フローに分類する。しかし，税金のキャッシュ・フローを，投資活動または財務活動として分類される個々の取引と結び付けることが可能である場合，その税金のキャッシュ・フローは対応する取引に従って，投資活動または財務活動に分類される。この場合，税金支払額の合計を開示する（IAS第7号36項）。

⑫　**子会社・関連会社および共同支配企業に対する投資**

　連結C/Sを作成する場合，当該C/Sには，連結子会社のキャッシュ・フロー

は含めるが、グループ内取引から生じるキャッシュ・フローは除外する。例えば、企業と連結子会社との間の営業活動にかかる現金のやり取りや、配当や貸付に伴う現金のやり取りは、連結C/Sに含めない。

　関連会社、共同支配企業、または子会社に対する持分が、持分法を用いて、または原価で会計処理されている場合、企業（投資者）のC/Sに含めるキャッシュ・フローは、配当や貸付のような投資者と投資先との間のキャッシュ・フローに限定する（IAS第7号37項）。すなわち、そのような関連会社、共同支配企業または子会社と、外部の第三者との間のキャッシュ・フローは、投資者のC/Sに含まれない。関連会社または共同支配企業に対する持分を持分法で報告する企業は、C/Sに、関連会社または共同支配企業との間の分配およびその他の支払額または受取額に関連するキャッシュ・フローを含める（IAS第7号38項）。

⑬　子会社およびその他の事業に対する所有持分の変動

　企業が、子会社（またはその他の事業）に対する支配を獲得（または喪失）した場合、これにより生じるキャッシュ・フローの総額を投資活動に分類し、区別して表示しなければならない（IAS第7号39項）。子会社（またはその他の事業）に対する支配の獲得（または喪失）によるC/Sの影響は、単一の科目として区分表示する（IAS第7号41項）。この金額は、子会社（またはその他の事業）に対する支配の取得（または喪失）の対価として支払った（または受け取った）現金および現金同等物の額から、そのような取引、事象または状況変化の一部として取得（または処分）した現金および現金同等物を控除した金額から構成される（IAS第7号42項）。例えば、現金100を保有する会社を現金対価1,000を支払って取得し子会社化した場合、差額の900を子会社に対する支配の獲得にかかるキャッシュ・フローとしてC/S上単一の科目で表示する。なお、支配の喪失によるキャッシュ・フローへの影響額は、支配の獲得によるキャッシュ・フローの影響額を控除せず、それぞれ区別して表示しなければならない（IAS第7号41項）。期中の子会社（またはその他の事業）に対する支配の獲得（または喪失）に関しては、開示が要求される。具体的な開示項目については、（4）③で説明している。

これに対し，子会社に対する所有持分に変動が生じたが，支配の喪失を生じない場合，関連するキャッシュ・フローは財務活動に分類しなければならない。これは例えば，企業が保有している子会社の株式を追加取得したり，逆にその一部を売却したものの，引き続き当該子会社を支配しているような場合が該当する。こうした取引は資本取引，すなわち，所有者の地位に基づく所有者との取引として会計処理され，キャッシュ・フロー上は企業の拠出資本および借入の規模と構成に変動をもたらす活動（すなわち財務活動）とみなされる。ただし，当該子会社をIFRS第10号「連結財務諸表」に規定する投資企業が保有しており，純損益を通じて公正価値（FVTPL）で測定することが要求されている場合を除く（IAS第7号42A項，42B項）。

⑭　非資金取引

　さて，ここであらためてキャッシュ・フローとは何かに立ち戻ってみよう。キャッシュ・フローは，現金および現金同等物の流入および流出と定義されている（IAS第7号6項）。現金および現金同等物の使用を必要としない取引，すなわちキャッシュ・フローを伴わない取引は，非資金取引と呼ばれる。C/Sとは各期間の現金および現金同等物の変動実績を表したものであるので，原則として非資金取引はC/Sに含まれない。しかし，営業活動によるキャッシュ・フローの表示において間接法を使用している場合，結果として一部の非資金取引項目（例えば減価償却費や減損損失）が当期損益の調整としてC/Sに含まれることになる。

　投資活動によるキャッシュ・フローおよび財務活動によるキャッシュ・フローの表示において間接法は認められていないため，非資金取引である投資取引および財務取引はC/Sから除外される。このような取引は，投資活動および財務活動に関するすべての関連性のある情報が提供されるような方法で，財務諸表の他の箇所において開示しなければならない（IAS第7号43項）。非資金取引に該当し，キャッシュ・フロー計算書から除外される投資取引および財務取引としては，例えば以下のようなものが考えられる。

- リースによる資産の取得（ただし，リース料の支払はキャッシュ・フローを構成する）
- 資本性金融商品を対価とする（資金項目を除く）資産の取得または処分
- 有形固定資産および棚卸資産等の非貨幣性資産の交換取引
- 企業の株式所有者に対する無償の新株発行
- 報告企業の投資先から無償の新株の受取
- 負債性証券から持分証券への転換

（4） C/Sに関連する注記

　本節では，これまでに触れたものも含め，C/Sに関連する注記開示について紹介していく。IAS第7号で要求されている開示内容は以下のとおりであるが，ここで示したもの以外でも，取引ならびにその他の事象および状況が企業の財政状態，財務業績およびキャッシュ・フローに与える影響を財務諸表利用者が理解できるようにするために必要であると考える場合には，追加的な開示も検討する必要がある。

① 非資金取引
　（3）⑭に記載のとおり，非資金取引は，C/Sから除外されるが，企業は当該取引に関するすべての関連性のある情報を利用者に提供するため，財務諸表に十分な情報を開示する必要がある（IAS第7号43項）。

② 財務活動から生じた負債の変動
　企業は，財務活動から生じた負債の変動（キャッシュ・フローから生じた変動と非資金変動の両方を含む）を財務諸表利用者が評価できるようにするため，十分な情報を開示しなければならない（IAS第7号44A項）。
　財務活動から生じた負債とは，キャッシュ・フロー（または将来キャッシュ・フロー）がC/Sにおいて財務活動によるキャッシュ・フローに分類され

る負債である。例えば借入や企業が発行した社債などが該当する。さらに，金融資産からのキャッシュ・フローが財務活動によるキャッシュ・フローに含まれる場合の金融資産（例えば財務活動から生じた負債をヘッジする資産）の変動についても，財務諸表利用者が評価できるようにする開示を提供しなければならない（IAS第7号44C項）。

では，具体的にどのような内容を開示する必要があるのだろうか。上記の要求を満たすために必要な範囲で，企業は次の変動を開示しなければならない（IAS第7号44B項）。

- 財務キャッシュ・フローによる変動
- 子会社または他の事業に対する支配の獲得または喪失により生じた変動
- 外国為替レートの変動の影響
- 公正価値の変動
- その他の変動

この開示要求を満たすために，財務活動から生じた負債についてB/S上の期首残高と期末残高との間の調整表を開示することができる（IAS第7号44D項）。この調整表の例を**図表7－7**に示している。なお，企業が他の資産および負債の変動の開示と組み合わせて提供する場合には，財務活動から生じた負債の変動を当該他の資産および負債の変動と区別して開示しなければならない（IAS第7号44E項）。

図表7－7　財務活動から生じた負債の調整表の例

	20X1年	キャッシュ・フロー	取得	為替変動	公正価値変動	20X2年
			非資金変動			
長期借入金	2,200	(200)	−	35	−	2,035
短期借入金	1,000	(1,500)	−	15	−	(485)
リース負債	4,000	(90)	100	−	−	4,010
長期借入金をヘッジするために保有している資産	(55)	10	−	−	(30)	(75)
財務活動による負債合計	7,145	(1,780)	100	50	(30)	5,485

Plus One Point

　この開示は，以下を含む投資者のニーズを反映するために開発されたものである（IAS第7号BC10項）。

- 企業のキャッシュ・フローについての投資者の理解を検証するため
- 企業のキャッシュ・フローについての投資者の理解を検証するために使用する場合に，企業の将来キャッシュ・フローを予測する際の投資者の確信を向上させるため
- 企業の資金調達の源泉および当該源泉が一定期間にわたりどのように活用されてきたのかに関する情報を提供するため
- 資金調達に関連したリスクに対する企業のエクスポージャーを投資者が理解するのに役立てるため

　企業が上記の開示の目的を達成したかを検討する際には，これらのニーズを考慮して，財務活動から生じた負債の変動が，どの程度，投資者にとって関連性のある情報を提供するのかを考慮に入れなければならない（IAS第7号BC18項）。

③ 期中の子会社またはその他の事業に対する支配の獲得に関する開示

期中に子会社またはその他の事業に対する支配を獲得した場合，あるいは支配を喪失した場合は，当該獲得または喪失に関して，次の項目を総額で開示しなければならない（IAS第7号40項）。

- 支払対価または受取対価の合計
- 対価のうち現金および現金同等物で構成される部分
- 支配を獲得または喪失した子会社またはその他の事業の中の，現金および現金同等物の金額
- 支配を獲得または喪失した子会社またはその他の事業の中の，現金または現金同等物以外の資産および負債の金額（主要な区分ごとに要約されたもの）

この開示の記載例を**図表7-8**に示した。

図表7-8 子会社の取得にかかるキャッシュ・フロー注記の記載例

現金	50
棚卸資産	130
営業債権	100
有形固定資産	750
営業債務	(100)
長期債務	(300)
現金で支払った購入価格の合計	630
差引：取得した子会社の現金	(50)
支配獲得のために支払った現金（取得現金控除後）	580

（IAS第7号に関する設例 キャッシュ・フロー計算書の注記（直接法および間接法）Aを参考に筆者作成）

④ サプライヤー・ファイナンス契約に関する情報の開示

サプライヤー・ファイナンス契約はIFRS会計基準で明確に定義されているわけではないが，1つまたは複数のファイナンス提供者が，企業が仕入先に対して負っている金額を支払うことを申し出ること，および仕入先が支払を受けるのと同じ日またはそれより後の日に契約の条件に従って支払うことに企業が同意することにより特徴付けられる（IAS第7号44G項）。スキームの一例を単純化して示すと，**図表7－9**のようになる。

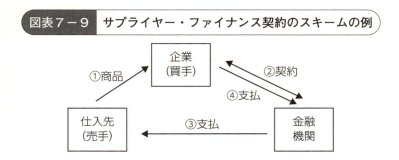

図表7－9 サプライヤー・ファイナンス契約のスキームの例

これらの契約により，もともとの請求書上の支払期日と比較して，企業にとって支払条件の延長の効果がある場合がある。例えば**図表7－9**において，金融機関から仕入先への支払（③）が当初の支払期日どおりであり，企業から金融機関への支払（④）が当該期日よりも後の支払である場合などである。あるいは，これらの契約により，仕入先にとって支払（受取）条件の早期化がもたらされる場合もある。例えば**図表7－9**において，企業は当初期日どおりに金融機関に支払（④）を行うが，それよりも前に金融機関が仕入先に支払（③）を行う場合がこれに当たる。

サプライヤー・ファイナンス契約は，サプライチェーン・ファイナンス，支払債務ファイナンス，またはリバース・ファクタリング契約と呼ばれることが多い。企業に対する信用補完のみである契約（例えば，保証として使用される信用状を含む金融保証），または負っている額を仕入先と直接決済するために使用される金融商品（例えばクレジットカード）はサプライヤー・ファイナンス契約には該当しない（IAS第7号44G項）。

企業は，財務諸表利用者が，企業の負債およびキャッシュ・フローに対する当該契約の影響や企業の流動性リスクへのエクスポージャーを評価できるようにするために，サプライヤー・ファイナンス契約について以下を集約して開示することが要求される（IAS第7号44H項）。

　ａ．契約の条件
　ｂ．報告期間の期首および期末現在の
　　（ⅰ）サプライヤー・ファイナンス契約の一部である金融負債の，企業のB/Sに表示されている帳簿価額および関連する科目
　　（ⅱ）（ⅰ）で開示された金融負債のうち，仕入先がファイナンス提供者からすでに支払を受けている金融負債の帳簿価額および関連する科目
　　（ⅲ）（ⅰ）で開示された金融負債と，サプライヤー・ファイナンス契約の一部ではない比較可能な営業債務の両方の支払期日の範囲。支払期日の範囲が広い場合，企業は，それらの範囲に関する説明情報を開示する，または追加の範囲（例えば，階層化した範囲）を開示することが要求される。
　ｃ．上記ｂ(ⅰ)に開示された金融負債の帳簿価額における非資金変動の種類および影響

　上記の開示内容につき少し補足しておこう。まずａには，例えば延長後の支払条件や，提供される担保または保証の条件が含まれる。類似していない契約条件を有する契約がある場合，契約条件はそれぞれ別個に開示しなければならない。

　ｂについては，関連するB/Sの科目名と金額，そのうちすでに**図表７−９**の③支払が終わっている金額を開示するほか，サプライヤー・ファイナンス契約と，これに該当しない，いわゆる「通常の」営業債務それぞれの期日（例えば請求日から30〜40日後）の範囲を開示する。この通常の営業債務は比較可能なものでなければならないので，例えば同じ事業分野や法域の企業の営業債務が想定されている。

　ｃの非資金変動の例には，企業結合，為替差額，または現金または現金同等

物の使用が要求されないその他の取引の影響が含まれる。

> **Plus One Point**
> B/Sもしくは注記において，サプライヤー・ファイナンス契約に関連する金融負債をどのように表示するかの検討にあたっては，以下のような事項を考慮することが必要と考えられる。
> - その性質または機能が買掛金と類似している場合（例えば企業の正常循環期間において使用される運転資本の一部を構成している場合）にのみ，サプライヤー・ファイナンスに関連する負債を買掛金と併せて表示する。
> - その大きさ，性質または機能により，区分表示が企業の財政状態の理解への関連性がある場合，区分して表示する。その評価にあたっては，負債の金額，性質および返済時期を考慮する。

⑤ 現金および現金同等物の内訳

企業は現金および現金同等物の内訳を開示し，キャッシュ・フロー計算書におけるこれらの金額と，B/Sでの相当する項目との調整を表示しなければならない（IAS第7号45項）。また，現金および現金同等物を決定する上で採用している方針も開示する必要がある（IAS第7号46項）。詳細は本章（2）②参照。

⑥ 企業グループが利用できない残高

企業グループが保有している現金および現金同等物のうち一部を，当該企業グループが利用できない場合がある。例えば，子会社が営業している国が，為替管理またはその他の法律により，その子会社の現金および現金同等物を他のグループ企業が利用することを一般的に制約している場合などはこのケースに該当する可能性がある。このような場合，保有する現金および現金同等物のうち，当該企業グループが利用できない重大な金額を，経営者による説明とともに開示しなければならない（IAS第7号48項）。

> **Plus One Point**
>
> 　現金および現金同等物の使用に対する制限は，当該金額のB/SまたC/Sにおける分類を変更しない。したがって，在外子会社の現金および現金同等物の定義を満たす金額がある場合，在外子会社からの資金の移転に制限がある場合であっても，企業グループにおけるC/Sでは当グループの現金および現金同等物として取り扱われ，上記の開示が行われる。

⑦　その他奨励される追加的開示

　追加的な情報が，企業の財政状態および流動性を利用者が理解する上で関連性がある場合，こうした情報を経営者による説明とともに開示することが奨励される（IAS第7号50項）。例えば，以下のような情報は利用者にとって有用であり，追加的に開示されることがあるであろう。

---

a．将来の営業活動および資本コミットメントの決済に利用可能である未使用借入限度枠の金額およびその使用にあたっての制限
b．事業規模の拡大を示すキャッシュ・フローの総額（事業規模の維持に要するキャッシュ・フローと区別）
c．IFRS第8号「事業セグメント」に基づく各報告セグメントの営業活動，投資活動および財務活動によるキャッシュ・フローの金額

---

　aに関しては，事業規模の拡大を示すキャッシュ・フローと，事業規模の維持に要するキャッシュ・フローを区別して開示することにより，当該企業が事業規模の維持に適切に投資しているかどうかを投資者が判断することが可能になると考えられる。また，事業規模の維持に適切に投資していない企業は，現在の流動性や所有者への分配のために，将来の収益性を損なっている可能性がある（IAS第7号51項）。

　bに関しては，セグメント別キャッシュ・フローの開示により，利用者が事業全体のキャッシュ・フローとその構成部分のキャッシュ・フローとの関係や，セグメント別キャッシュ・フローの利用可能性と変動性をより適切に理解する

ことを可能にすると考えられる（IAS第7号52項）。

（5） まとめ

　本章では，C/Sに関連する要求事項について紹介した。本章（1）で確認したように，C/Sは，期中のキャッシュ・フローを営業，投資および財務活動に分類して，企業の現金および現金同等物の変動実績に関する情報を提供するものであり，キャッシュ・フローに関する情報は，財務諸表利用者に対して，企業が現金および現金同等物を生成する能力と，当該キャッシュ・フローを企業が利用する必要性を評価するための基礎を提供する上で有用な情報である。

　本章（2）では，まずC/Sを理解するための基礎となる，現金および現金同等物の定義について説明した。

　続く本章（3）では，C/Sの構成と題して，営業活動，投資活動および財務活動によるキャッシュ・フローの定義と，それぞれの区分に含まれるキャッシュ・フローの例について解説した。営業活動によるキャッシュ・フローは，直接法または間接法のいずれかで表示されるが，IFRS第18号によるIAS第7号の結果的修正の結果，間接法を使用する場合の開始点は営業利益と規定されている。また，この節ではC/Sの表示に関連する個別の論点にも触れた。その中でも利息および配当に関連するキャッシュ・フローの区分は，IFRS第18号により要求事項が変更された部分である。

　最後に本章（4）ではC/Sに関連する注記について解説した。サプライヤー・ファイナンスに関する注記は，必ずしもC/Sのみに関連する開示ではないが，本節で詳しく説明している。

　なお，IASBは2024年9月に「キャッシュ・フロー計算書および関連事項」プロジェクトをリサーチ・プログラムに追加して検討を開始した。今後IAS第7号を包括的にレビューするか，またはより的を絞った改善を行うかが検討される予定である。

第 **8** 章
経営者が定義した業績指標（MPM）

　この章では，IFRS第18号で新たに導入された経営者が定義した業績指標（MPM）に関し，その導入の背景や定義，要求される開示などを詳しく解説する。特に定義に関しては，個別に要件を確認しながら，それぞれの要件の検討時に留意すべき点について説明している。また，章の後半では実務でよくみられる指標がMPMに該当するかについて考察する。

　これまで財務諸表の内外で開示していた指標がMPMに該当する場合，企業は当該指標に関連する情報を財務諸表で注記として開示することが求められる。求められる開示内容は詳細であり，また監査対象となることから，十分な検討と準備が求められる。

本章では，IFRS第18号「財務諸表における表示及び開示」で新たに導入された，経営者が定義した業績指標（MPM）に関連する要求事項について詳細に解説する。

（1） MPM導入の背景

具体的なMPMの説明に入る前に，まずはIFRS第18号でMPMが導入された背景について触れておきたい。MPMの開示要求はIFRS第18号で導入されたいくつかの要求事項のうちでも，最も影響が大きいものの1つといってよい。それは，場合によっては財務諸表の外でのみ開示されていた情報（これはIFRS会計基準に基づかない指標の場合もある）の一部を財務諸表内に開示することを求めるものである。当然，他の開示と同様に理解可能性や比較可能性等，有用な財務諸表に課される要件を満たす必要があり，財務諸表に対して会計監査を受ける場合は，当該情報も監査範囲に含まれることになる。

MPMとはManagement-defined Performance Measure，すなわち経営者が定義した業績指標のことである。「経営者が定義した」というのは，裏を返せばIFRS会計基準によって定義されていないということであり，また各社各様であるということである。詳細な定義は以下（2）で説明するが，例えば一般的な調整後営業利益などはMPMに該当する可能性が高い。

このような指標は従来，財務諸表の外で提供されることが多かったが，どのように事業が管理されているか，経営者がどのように企業の財務業績を見ているか，あるいは企業の財務業績の持続性に関する情報を提供するために，財務諸表利用者にとって有用である。企業が調整後営業利益を開示しているのは，経営者にとってその指標が何かを示しているためである。例えば，（調整前の）営業利益には一過性の損益が含まれているため，当該項目を調整した調整後営業利益のほうが，より財務業績の持続性を理解するのに適切な情報を提供していると経営者は考えているかもしれない。

一方で，財務諸表利用者は，経営者が定義した業績指標の計算方法における透明性が欠如していること，業績指標が経営者の見方を提供する理由についての明瞭性が不足していること，報告期間ごとの継続性が欠如していることなど

から，提供される情報の質について懸念を示していた。上述の調整後営業利益の例でいえば，どのような項目が一過性の損益として調整されているのかが不明瞭であったり，なぜその項目を調整することがより適切な情報を提供すると経営者が考えているのかが不明であったり，あるいは報告期間ごとに調整される項目が異なっているように見えたりすることへの懸念である。

これを受けてIASBは，IFRS会計基準で要求される小計（第3章参照）は企業間で比較可能な有用な情報を提供し，経営者が定義した追加の小計は企業特有の情報を提供できるものとして，MPMを定義し財務諸表の中で開示を求めることを決定したのである（IFRS第18号BC326項）。

Plus One Point

IASBの開発するIFRS会計基準は，あくまでも財務諸表に関する要求事項を定めている。したがって，IFRS会計基準であるIFRS第18号の開発においては，当初より財務諸表外で開示されている指標の一部を財務諸表内に取り込むかどうかが議論された。財務諸表内に指標を取り込めば，それはIFRS会計基準の範囲内となり，財務諸表利用者の懸念に対応するための方策をIASBが立てることができる。

IFRS適用会社の財務諸表は，IFRS会計基準に基づいて認識・測定された数値が表示・開示されている。認識されていない資産または負債に関する情報が開示されている場合もあるが，いずれにせよIFRS会計基準に従った情報であることには違いない。一方で，財務諸表の外で開示されている情報にはこのような制限はかかっていない。例えば，経営者は関連会社に対してIAS第28号「関連会社及び共同支配企業に対する投資」に規定される持分法を適用する代わりに，いわゆる比例連結を行った場合の業績指標を開示するかもしれない。この指標はIFRS会計基準に従った指標ではない。

MPMの規定を開発するにあたって，このようないわゆるNon-IFRS指標をMPMに含めるかが議論された。Non-IFRS指標をMPMに，すなわち財務指標内に含めることについて慎重な意見もあったものの，結局以下の理由によりMPMに該当しうる指標に制約をかけないこととなった（公開草案「全般的な表示及び開示」BC155項）。

a．財務諸表利用者が有用と考える指標を企業が開示することを妨げる可能性がある
　b．業界で定義された業績指標を企業が使用することを妨げる可能性がある
　c．これらの指標の一部または全部を許容または要求している規制上のガイダンスとの矛盾を生じさせる可能性がある
　d．業績についての経営者の見方を提供するというMPMの開示の目的と不整合となる

　したがって，以下に説明するMPMの要件を満たす場合，Non-IFRS指標もMPMに該当し，関連する注記の開示が求められる。

　それでは以下で，より具体的な内容についてみていくこととしよう。

（2） MPMの定義

　MPMの具体的な内容に踏み込んでいくに際し，最初に理解すべきは，MPMの定義である。
　MPMは収益および費用の小計のうち以下の3つの要件をすべて満たすものであると定められている（IFRS第18号117項）。

　a．企業が財務諸表の外で一般とのコミュニケーションにおいて使用している。
　b．企業が企業全体の財務業績の一側面についての経営者の見方を財務諸表利用者に伝える。
　c．IFRS第18号118項に列挙されておらず，IFRS会計基準によって表示または開示が具体的に要求されていない。

　この定義の個々の内容について詳しくみていくことにする。

① 「収益および費用の小計」の意味

収益および費用の小計と定義していることから，収益のみまたは費用のみの小計はこの定義に当てはまらない（IFRS第18号B116項(a)）。また，資産，負債，資本またはこれらの構成要素を組み合わせた指標も収益および費用の小計ではない（IFRS第18号B116項(b)）。さらに，財務比率（例えば，純有利子負債），流動性指標，キャッシュ・フロー指標（例えば，フリー・キャッシュ・フロー）または非財務指標（例えば，顧客満足度）も同様にMPMに該当しないことになる（IFRS第18号B116項(c)〜(e)）。

ここで比率は該当しないと述べたが，財務比率の分子または分母である小計が，当該小計が比率の一部ではなかったとしたならばMPMの定義を満たす場合には，その部分はMPMに該当する場合がある点には注意が必要である（IFRS第18号B117項）。例えば，一般的にみられる指標である投下資本利益率（Return on Invested Capital，ROIC）を考えてみよう。ここでは，当該指標は税引後営業利益を投下資本で除した指標であるとする。ROIC自体は財務比率であり，収益および費用の小計ではないため，MPMには当たらない。ここで，分子である小計，すなわち税引後営業利益自体がMPMの定義を満たす場合，当該小計はMPMに該当するということになる。これは企業が税引後営業利益を単独では指標として開示しておらず，常にROICの分子としてのみ開示している場合も同様である。なお，この例において分母の投下資本（例えば，株主資本＋有利子負債）は収益および費用の小計ではないためMPMの定義を満たさない。

また，IFRS第18号117項の定義（上記 a，b および c）を満たす収益および費用の小計は，それがP/Lに表示されているかにかかわらずMPMに該当することにも留意すべきである（IFRS第18号B118項）。

Plus One Point

一部の利害関係者は，MPMに収益および費用の小計以外の指標，例えば，資産および負債の小計なども含めることを提案していた。IASBは，MPMの対象を広げることは，有用な情報を提供することになるという点には同意していた。しかし，MPMの対象を広げることは，さらに追加の定義，開示要

> 求およびその他のIFRS会計基準との関係性を定める適用ガイダンスなどを開発する必要性が生じることになり，財務諸表内に経営者の業績指標を入れることを焦点とするプロジェクトの範囲を越えることにもなると考え，その定義を収益および費用に限定することにした経緯がある（IFRS第18号BC331項〜BC333項）。

② 財務諸表の外での一般とのコミュニケーションの範囲

「一般の」または「一般とのコミュニケーション」の用語は最終的に定義されなかったが，通常，外部に報告されており，関係者に幅広く利用可能となっているものと考えられる。一般とのコミュニケーションには，経営者による説明，プレスリリースおよび投資者向けプレゼンテーションが含まれる（IFRS第18号B119項）。このため，有価証券報告書の「第5　経理の状況」より前の個所や統合報告書といった資料も該当することになると考えられる。

一方で，口頭でのコミュニケーションや口頭でのコミュニケーションの筆記録，およびソーシャルメディア投稿といったものはこれに含まれないと明記された（IFRS第18号B119項）。これらを除外した背景としては，一般的にこういった形式で業績指標に関する情報を公開している場合には，それ以前に，他の形式でのコミュニケーションに同様の業績指標が含まれているものと考えられ，これらを除外したことによりMPMの定義を満たすはずの指標を除外するリスクは低いとIASBが判断していることがある。さらに，このような種類のコミュニケーションを除外することにより，ソーシャルメディア等で公表されているかを企業やその監査人，規制当局がモニタリングする必要性をなくし，結果的にMPMの定義への当てはめに要する労力やコストを削減することにつながるという利点がある（IFRS第18号BC336項）。

Plus One Point

> 企業は，MPMに該当しうる業績指標がどの一般とのコミュニケーションで用いられているか網羅的に確認を行わなければならず，監査人はその企業の主張の妥当性も監査する必要がある。

財務諸表を作成している部門と異なる社内の部署でこうした公表資料を作成している場合には，相互の連携が不可欠となってくるであろう。財務諸表監査の観点からは，企業は，必要な情報を適時に網羅的に監査人に提供できるように関連する内部統制を構築していく必要があることに留意すべきである。

さらに実務においては，いつの時点での一般とのコミュニケーションの情報と整合させるべきか，そのタイミングが議論になるだろう。

これについて，基本的な考えとして，MPMは財務諸表と同じ報告期間に関するものである，とされている（IFRS第18号B120項）。期中財務報告に関連しているが，年度財務諸表には関連していないMPMの小計（例えば，四半期会計期間にかかる収益および費用の小計）は，期中財務報告におけるMPMにしかなりえない（IFRS第18号B120項(a)）。逆に，年度財務報告に関連しているが，期中財務諸表に関連していない小計は，年度財務報告におけるMPMにしかなりえない（IFRS第18号B120項(b)）。原則として，企業は報告期間にかかるMPMを識別する際には，当該報告期間にかかる一般とのコミュニケーションのみを考慮しなければならない（IFRS第18号B121項）。

ここで「原則として」としたのは，企業が一般とのコミュニケーションを財務諸表の公表後に通例的に行う可能性があるからである。その場合には，前報告期間に関する一般とのコミュニケーションに含めた指標を考慮して当期のMPMを識別する必要がある点に留意が必要である（当報告期間に関して公表される予定の一般とのコミュニケーションに含められないという証拠がある場合を除く）（IFRS第18号BC337項，BC339項～BC340項）。

MPMの開示が求められる対象会社については，当初IASBでは，非公開企業ほど一般とのコミュニケーションを有している可能性が低いことを理由に，非公開企業のための特定の要求事項を設けることも考えていた。しかし，MPMに関する要求事項の意図が，財務諸表の外で利用者に伝えられる指標に透明性および規律を提供することにある点に鑑み，企業が公開なのか非公開なのかに

かかわらず，すべての企業に等しく要求事項を定めることにした（IFRS第18号BC342項）。結果として，公開非公開にかかわらず，MPMに該当する指標を財務諸表の外でコミュニケーションしているすべての企業は，MPMに関連する注記を財務諸表内に開示する必要がある，ということになる。

③ 企業全体の財務業績の一側面についての経営者の見方を伝える

この要件についてまず留意すべきは，「企業全体の」財務業績の一側面である，という点である。逆にいえば，「企業の一部の」財務業績の一側面に関して経営者の見方を伝える指標は，この要件を満たさずMPMに該当しないこととなる。例えば，企業が複数の報告セグメントを有する場合，特定の1セグメントにかかるセグメント指標は，通常，企業全体の財務業績の一側面を表していないと考えられる。ただし，例えばP/Lに特定セグメントにのみ関連する小計を表示している場合などは，当該小計が企業全体の財務業績の一側面を表していることもある（IFRS第18号BC345項〜BC346項）。

ここで，財務諸表の外において一般とのコミュニケーションに使用している収益および費用の小計（すなわち上記のaの要件を満たす収益および費用の小計）は，企業全体の財務業績の一側面についての企業の見方を財務諸表利用者に伝えている（すなわち上記bの要件を満たす）と推定される（IFRS第18号119項）。

これは推定であるため，合理的で裏付け可能な情報をもとに，当該小計が企業全体の財務業績の一側面についての経営者の見方を伝えていないと企業が主張する場合，その推定を反証することが認められている（IFRS第18号120項）。逆に，そのような情報をもって企業が反証を行わない場合，あるいは行えない場合，当該指標は上記bの要件を満たすものとみなされる。

Plus One Point

この反証可能な推定の考えは，IFRS第18号の公開草案の後に新たに追加されたものである。特定の指標について，経営者の見方を表しているMPMではなく別の目的によるものであると主張することで開示要求に従わない企

> 業行動に対する懸念や，経営者の見方を表すというより業界特有の指標であるのに，その開示を禁じることになってしまう懸念などから議論がなされたものである。

　IFRS第18号は，企業が反証の裏付けとなる合理的で裏付け可能な情報を有しているかを評価する際のガイダンスを提供している。具体的には企業は，次の両方の要件を立証する合理的で裏付け可能な情報を持っている場合，反証することが認められる（IFRS第18号B124項）。

(i)　当該小計が，企業全体の財務業績の一側面についての経営者の見方を財務諸表利用者に伝えていない。
(ii)　企業全体の財務業績の一側面についての経営者の見方を財務諸表利用者に伝えること以外に，企業が当該集計を一般とのコミュニケーションにおいて使用する理由がある。

【要件(i)】の立証
　要件(i)を立証する合理的で裏付け可能な情報の例としては次のようなものがある。

①　企業が，当該小計を目立たせずに伝えている（IFRS第18号B125項(a)）。
②　経営者が企業の財務業績の評価またはモニタリングのために当該小計を内部で使用していない（IFRS第18号B125項(b)）。

　①の小計を目立たせずに伝えているかは，いくつかの要因に基づく判断の問題とされており，例えば次のようなことを考慮する（IFRS第18号B126項）。

a．当該小計への言及の程度。つまり，言及が少数であることは目立たせ方の不足を示唆し，多数であることは目立たせているということを示

唆している。
b．当該小計に関しての，またはそれに依拠したコメント，または分析の内容。例えば，当該小計を，
- 経営者の見方を伝えるものではない情報であり，一部の財務諸表利用者からの頻繁な要望に対応して提供しているのみであるとしている記述は，目立たせ方の不足を示唆する。
- 企業の財務業績についての経営者の分析および説明を裏付けるため，および当該小計の期間ごとの変動の説明を示すために使用していることは，目立たせていることを示唆する。
- 競合他社の小計または業界ベンチマークと比較していることは，目立たせていることを示唆する。

②について，経営者が企業全体の財務業績の一側面の評価またはモニタリングに小計を使用していることは，当該小計が財務業績の一側面についての経営者の見方を伝えていることを立証する。なお，経営者がある小計を，内部では使用しているが企業の一般とのコミュニケーションでは使用していない場合には，当該小計はMPMの定義を満たさないことになる（IFRS第18号B127項）。

企業は，一般とのコミュニケーションにおいて伝達する小計を，企業の財務業績の評価またはモニタリングを行うため経営者が内部で使用する目的で修正する場合がある。そのような場合，企業は内部で使用している小計が，一般とのコミュニケーションで使用している小計とどの程度類似しているか判断をする必要がある（IFRS第18号B128項）。類似性が高いほど，一般とのコミュニケーションで使用されている小計が企業全体の財務業績の一側面についての経営者の見方を伝えている可能性が高いといえる。

【要件(ii)】の立証
企業全体の財務業績の一側面についての経営者の見方を伝えること以外に，企業が当該小計を一般とのコミュニケーションに使用する理由があることを立証する合理的で裏付け可能な情報の例には，次のようなものがある（IFRS第

18号B129項)。

> ① 法令や規則によって一般とのコミュニケーションにおいて要求されている。
> ② IFRS会計基準以外の会計上の枠組みに従って作成した財務諸表に関する業績を伝えている。
> ③ 外部者からの要望を満たすために一般とのコミュニケーションで使用されている。
> ④ 財務業績以外の情報を伝える目的で一般とのコミュニケーションで使用されている。

Plus One Point

　上述の要件(i)を立証する情報の例示である①②,要件(ii)を立証するための情報の例示である①〜④は,あくまでも例示であるため,必ずすべてを満たさなければ反証できないというものでもなく,また,これ以外の情報が反証の根拠となる可能性もある。
　ただし,IFRS第18号に明示されている以上,反証を行うにあたっては,これらの各例示への当てはめ検討と,それらを満たさない場合には,本当に推定を合理的で裏付け可能な情報で反証できているのかについて慎重な検討が必要となるであろう。
　要件(i)の立証する情報の例示である①②に該当しないが要件(i)を立証できるケースの例として,例えば本節③冒頭で説明した,特定の1セグメントのみに関連するセグメント指標である場合が考えられる。

　ここで,上述した立証は,小計を構成する各収益および費用の個々の項目に対してではなく,小計自体に適用されることに留意すべきである。つまり,小計の中の収益および費用の個々(または複数)の項目が経営者の見方を表していないことを立証する情報に基づいて,小計が企業全体の財務業績の一側面に

ついての経営者の見方を伝えていないと主張することはできない（IFRS第18号B130項）。

なお，IASBは情報の有用性の観点から，反証したかどうかの開示までは企業に要求しないこととした（IFRS第18号BC355項）。

④ IFRS第18号118項に列挙されておらず，IFRS会計基準によって表示または開示が具体的に要求されていない指標

MPMの定義の3つ目で言及しているIFRS第18号118項では，以下の小計を列挙している。

> a．売上総損益および類似の小計
> b．減価償却，償却およびIAS第36号の範囲に含まれる減損の前の営業損益
> c．営業損益ならびに持分法を用いて会計処理されるすべての投資からの収益および費用
> d．IFRS第18号73項を適用する企業，すなわち顧客へのファイナンスの提供に関連しない資金の調達のみを伴う取引から生じる負債から生じる収益および費用につき，会計方針として顧客へのファイナンスの提供に関連しないものを営業区分に含めている企業について，営業損益ならびに投資区分に分類したすべての収益および費用で構成される小計（第3章（5）3参照）
> e．法人所得税前純損益
> f．継続事業からの純損益

これらに該当する小計はMPMにはならない。「a．売上総損益および類似の小計」とは，ある種類の収益と当該収益を生み出す際に発生する直接関連する費用との差額を表わしている小計を指す（IFRS第18号B123項）。例えば，正味利息収益，正味報酬および手数料収益，保険サービス損益，正味金融損益および正味賃借収益といったものが該当する。

「b．減価償却，償却およびIAS第36号の範囲に含まれる減損の前の営業損

益」については、営業損益から、厳密に減価償却、償却およびIAS第36号の範囲に含まれる減損の全額を、そしてそれのみを控除した金額である必要がある。すなわち、これらの項目のうちの一部しか控除していなかったり、これら以外の項目を控除している場合は該当しない。実務上一般的な指標であるEBITDAがこれに該当するかについては、後ほど本章（5）で考察する。

「c．営業損益ならびに持分法を用いて会計処理されるすべての投資からの収益および費用」は読んで字のごとくであるが、当該小計がMPMに該当しない小計として列挙された背景には、IFRS第18号の開発過程における持分法投資からの収益および費用を営業損益に含めるかどうかの議論があったものと推察される。

上述のa～fのような小計は、その目的およびIFRS会計基準で定義されている合計または小計との関係がよく理解されているか、P/Lの表示から通常明らかであると考えられる。この場合、MPMとして追加的な情報を開示することが有用ではないため、このような小計はMPMには該当しないこととされている（IFRS第18号BC362項）。

以上がMPMの定義に関する主要なポイントである。

（3） MPMの開示

① MPMの開示要求

ここからは具体的な開示要求の内容についてみていくことにする。

まず、企業はMPMの定義を満たすすべての指標に関する情報を、単一の注記において開示しなければならない（IFRS第18号122項）。企業が複数のMPMを識別した場合、そのすべてについての開示を単一の注記に含める。これはMPMをその理解のための必要な計算、説明および調整表とともに提供すること、およびMPMに関するすべての情報を単一の注記とすることにより、財務諸表利用者が容易に探し出すのに役立ち、透明性を改善することにつながるとIASBが考えたためである（IFRS第18号BC369項）。したがって、例えば特定のMPMに関する情報を複数の注記に分割して開示したり、あるMPMの情報

を他のMPMに関する注記と別の注記のみに記載したりすることは認められない。

　MPMの注記には，開示したMPMが企業全体の財務業績の一側面についての経営者の見方を提供するものであり，他の企業が提供している類似した名称または記述と必ずしも比較可能ではないという記載を含めなければならない（IFRS第18号122項）。これはMPMの定義上明らかであり，ともすればボイラープレート（型どおり）の開示とも思えるが，該当する企業はすべてこの開示を行う必要がある。そして，それぞれのMPMについて，財務諸表利用者の誤解を招かない明瞭で理解可能な方法で名称を付け記述しなければならない（IFRS第18号123項）。

　また，それぞれのMPMについて，以下の内容を開示する必要がある。上述のとおり，すべてのMPMに関するこれらの情報を単一の注記に含めなければならない。

---

a．経営者の見解において，そのMPMによって伝えられている財務業績の一側面の記述。この記述には，経営者の見解において，そのMPMが企業の財務業績に関する有用な情報を伝えるという理由の説明も含める必要がある。

b．MPMがどのように計算されているのか

c．そのMPMとIFRS第18号118項に列挙している，またはIFRS会計基準で表示または開示を具体的に要求している合計または小計のうち最も直接的に比較可能なものとの間の調整表

d．上記cで要求している調整表において開示している各項目についての，法人所得税への影響および非支配持分への影響

e．上記dで要求している法人所得税への影響を算定するための方法についての記述

　上述のように，MPMは財務諸表利用者に誤解を与えない明瞭で理解可能な方法で名称を付けて記述することが要求されている。このような記述を提供するために企業は小計に含めている収益または費用の項目および除外している項

目を財務諸表利用者が理解できるようにするために，次のような情報を開示しなければならない（IFRS第18号B134項）。

---

a．IFRS第18号43項の全般的な要求事項に従って，特徴を忠実に表現する方法で呼称し記述する。その際，用いた用語の意味もあわせて説明する。

　例えば，特徴を表す「非経常的な収益および費用」という言葉を用いて「非経常的な収益および費用前の営業利益」をMPMとして開示する場合，「非経常的な収益および費用」をどのように定義したのかということも記述する必要がある。

b．MPMに固有の以下の情報を提供する。
　① 財務業績の計算書における項目について用いた会計方針を用いないで当該指標を計算した場合には，その旨および用いた計算方法を記載する。
　② 当該指標の計算がIFRS会計基準で要求または許容されている会計方針と異なる場合には，その追加的な事実，および必要な場合には，用いている用語の意味の説明をする。

Plus One Point

　IFRS第18号はMPMに特定の制限（例えば，IFRS会計基準で認められる会計方針のみに基づいて算出された指標であるという制限）を加えないことにより，企業がどのような指標をMPMとするかについて高い自由度を与えている。その代わり，MPMに関連する情報の開示に規律と透明性を与えることを目指している。IASBは，企業がMPMの目的および限界を明確に記述することで透明性が高められると考えた（IFRS第18号BC377項）。

　MPMは何が財務諸表利用者に有用なのかに関して経営者の判断を反映する。財務諸表利用者はそうした判断に関して，MPMが提供する情報およびそれが企業の財務業績の一側面をどのように忠実に反映するのかを理解するのに十分な情報を必要としているのである。

> このことから，MPMについて経営者の判断を説明することや，計算方法といった情報を開示するとともに，MPMが企業固有であり，他の企業が使用している指標と必ずしも比較できるものでない旨を記述により説明することが求められている。

なお，期中財務報告においてもMPMに関連して上述と同様の開示が求められる（第9章（3）②参照）。

② セグメント注記との関係

MPMは前述の定義が示すように「企業全体の業績の一側面に関する経営者の見方を伝える」ものである。したがって，IFRS第8号「事業セグメント」で開示している複数の報告セグメントを有する企業の，ある特定のセグメントに関する業績指標は，通常この要件を満たさないと考えられる。逆に，ある報告セグメントが企業の単一の主要な事業活動を内容としている場合には，そのセグメントに関する収益および費用の小計が，企業全体の財務業績の一側面に関する情報を提供していることもありうる。その結果，当該報告セグメントに関連した収益および費用の小計は，MPMの定義の他の要件を満たした場合，MPMになる可能性がある（IFRS第18号B114項〜B115項）。

報告セグメントの情報がMPMを含んでいる場合，次のいずれかを行うことを条件に，企業は，MPMに関して要求されている情報を他の報告セグメント情報と同じ注記に開示することができる（IFRS第18号B133項）。

- セグメント注記に，すべてのMPMについて，開示が要求されるすべての情報を含める。当該注記においては，MPMの開示要求事項（IFRS第18号121項から125項で求められる情報）（本章（3）①参照）とIFRS第8号が要求している情報とを明確に区別するように名称を付ける。

  この場合，セグメント注記が「MPMに関連する情報を提供する単一の注記」を兼ねることとなる。

- すべてのMPMについて要求されている情報（企業が報告セグメント情

> 報に情報を含めているものを含む）を含めた独立の注記を提供する。
> この場合，MPMに関連する情報の一部が，セグメント情報とMPMに関連する独立の注記の双方に重複して開示されることとなる。

③ 調整表の内容

IFRS第18号123項(c)は，MPMとIFRS第18号118項に列挙している（本章（2）④参照），またはIFRS会計基準が表示または開示を具体的に要求している合計または小計のうち，最も直接的に比較可能なものと調整することを企業に要求している。例えば，調整後の営業利益をMPMとして開示する場合には，最も直接的に比較可能な小計として営業利益への調整を行うことになる。

開示する調整項目を集約または分解するにあたり，企業は集約および分解の原則（第2章（6）参照）の要求事項を適用しなければならない（IFRS第18号B136項）。

また，各調整項目について，企業は次のことを開示しなければならない（IFRS第18号B137項）。

> a．P/Lにおける各科目に関連する金額
> b．その項目がどのように計算され，MPMが有用な情報を提供する上でどのように寄与しているのかに関する記述（上述のIFRS第18号123項(a)および123項(b)に定めるMPMで伝えている財務業績の一側面についての記述および計算方法に関する情報を提供するために必要な場合）

複数の調整項目があり，各項目が異なる方法を用いて計算されているか，または有用な情報の提供に異なる方法で寄与している場合には，上記のbの記載が必要となる（IFRS第18号B138項）。また，複数の項目に対して，またはすべての調整項目をまとめて単一の説明で足りる場合もあるかもしれない（IFRS第18号B139項）。

上述のとおり，MPMを調整する先はIFRS第18号118項に列挙している，ま

たはIFRS会計基準が表示または開示を具体的に要求している合計または小計である必要があるが，当該合計または小計は企業がP/Lに表示していないものでも構わない。その場合には，当該合計または小計とP/Lで表示している最も直接的に比較可能な合計または小計への調整が必要だが，その際，IFRS第18号123項の(d)および(e)，すなわち法人所得税および非支配持分に関する情報は省略することが許容されている（IFRS第18号B140項）。

> **Plus One Point**
>
> IASBは，当初，調整表に関して特定の様式（例えば，P/Lに表示されている科目を調整する欄としての調整項目を付した表）を要求することも検討していた。しかし，適切な調整表の様式は具体的なMPMにより異なると考えられるため，結果的に特定の様式は定めず，各企業が個別に適切な様式を検討することとなった（IFRS第18号BC382項）。

④ 調整表に開示した各項目についての法人所得税の影響

法人所得税の影響は，関係する課税法域で当該取引に適用される法定税率を用いて計算するか，関係する課税法域における企業の当期税金および繰延税金の合理的な比例配分に基づき計算しなければならない（IFRS第18号B141項）。

または，状況によって，より適切な配分を達成する他の方法を使用することもできる。

計算に際し，企業は複数の方法を用いている場合には，各調整項目について税金への影響をどのように算定したのか開示する必要がある（IFRS18第B142項）。

> **Plus One Point**
>
> 財務諸表作成者からは，IAS第12号「法人所得税」に従って法人所得税を計算することにつき，複雑性およびコストの面から懸念が示されていた。一方，財務諸表利用者にとっては，この情報はニーズを満たすものであった。このような経緯からIASBは，税金の計算を簡便的に，法定税率を用いて計

算することを認め,両者の懸念とニーズに応える形で要求事項を決定した(IFRS第18号BC386項)。そのため,その他の代替的な方法を用いることも許容している。計算方法を限定的にすることは,その状況において可能な最善の情報を提供する際の判断を制限し,これにより提供される情報の有用性を低下させてしまうことになると考えたからである(IFRS第18号BC387項)。

⑤ MPMを変更,追加または使用を中止する場合

企業は,これまでMPMとして開示していた指標を戦略等,何らかの理由で変更,追加または使用を中止する場合がある。また,指標自体は変えずとも法人所得税への影響を算定する方法などその計算方法を変更する場合もある。そのような場合には,以下の事項を開示する必要がある(IFRS第18号124項〜125項)。

- 当該変更,追加または中止およびその影響を財務諸表利用者が理解できるようにする説明
- 当該変更,追加または中止の理由
- 当該変更,追加または中止を反映するために修正再表示した比較情報(修正再表示が実務上不可能である場合には,その旨)

上記の事項は,IAS第8号「財務諸表の作成基礎」において会計方針を変更する際に企業が要求されている事項に基づいている(IFRS第18号BC388項〜BC390項)。財務諸表利用者にとっては,MPMを変更した時にも類似の情報が有用であると考えられているからであろう。

しかし,企業がどのMPMを用いるか,その計算過程も含めた方法自体は会計方針の選択には該当しない(IFRS第18号BC368項)ことに留意すべきである。

⑥ 調整表の開示例

IFRS第18号において,特定の調整表のフォーマットは定められていないが,設例において調整表の例が提示されている。設例はあくまでも例であるため,

必ずしも同一の様式を使用する必要はなく，企業は情報の理解可能性や継続性等を勘案しながら調整表の様式を検討する必要がある。ここでは実務上想定される調整表の開示パターンを確認していくことにする。

IFRS第18号の設例で示されている前提を一部簡略化した以下の例で20X2年に開示される調整表を考える。

なお，調整表以外の記述情報の開示は，ここでは簡略化のために省略する。

---

a．MPMは「調整後の営業利益」および「調整後の継続事業からの純利益」の2つである。

b．最も直接的に比較可能な小計は「営業利益」および「継続事業からの純利益」である。

c．上記のMPMにおける調整項目は，将来の数事業年度において生じないと見込まれる収益および費用であり，具体的には以下が該当する。なお，以下の項目における括弧書きの年は，当該項目が発生した年を示している。
- 有形固定資産，無形資産およびのれんの減損損失（20X2年，20X1年）
- リストラクチャリング費用（20X2年）
- 非経常的な訴訟費用（20X1年）
- 有形固定資産の処分による利得または損失（20X2年）
- 関連会社の処分による利得または損失（20X1年）

図表8-1 MPMの調整表の開示例（1）

20X2年

| | IFRS | 調整項目 | | | MPM |
		減損損失	リストラクチャリング費用	有形固定資産の処分益	
その他の営業費用		—	—	(1,000)	
研究開発費用		800	—	—	
一般管理費		—	1,500	—	
のれんの減損損失		1,200	—	—	
営業利益／調整後の営業利益	10,000	2,000	1,500	(1,000)	12,500
法人所得税費用		—	(300)	200	
継続事業からの純利益／調整後の継続事業からの純利益	6,000	2,000	1,200	(800)	8,400
非支配持分に帰属する純利益		100	60		

20X1年

| | IFRS | 調整項目 | | | MPM |
		減損損失	訴訟費用	関連会社の処分益	
研究開発費用		1,000	—	—	
一般管理費		—	1,500	—	
営業利益／調整後の営業利益	9,000	1,000	1,500	0	11,500
関連会社処分損益		—	—	(2,000)	
法人所得税費用		—	—	400	
継続事業からの純利益／調整後の継続事業からの純利益	5,000	1,000	1,500	(1,600)	5,900
非支配持分に帰属する純利益		50	—	—	

（IFRS第18号に関する設例　注記2を参考に筆者作成）

図表8－1に示されている調整表には以下の特徴がある。

- 複数のMPMを1つの表で表す。
- 縦列を調整項目とする。
- 横列はP/Lの科目と整合的に作成する。
- 年度ごとに表を作成する。

これによると，左から右へ表示しているIFRS会計基準による小計からMPMの調整をしているフォーマットになる。また，MPMとIFRS数値の位置を入れ替えて開示するパターンも考えられる。

続いて，考えられるその他の様式を見てみよう。以下は，IFRS第18号の開発の段階で検討された調整表のフォーマットをもとに作成した開示例である。

調整項目の内容や項目数，スペースまたは見え方の都合などを総合的に鑑みて，それぞれの企業に合った方法で開示していくことが望ましい。

図表8－2　MPMの調整表の開示例（2）

	20X2年			20X1年		
		法人所得税費用	非支配持分		法人所得税費用	非支配持分
調整後の営業利益	12,500			11,500		
減損損失	(2,000)	－	(100)	(1,000)	－	(50)
リストラクチャリング費用	(1,500)	300	(60)			
訴訟費用				(1,500)	－	－
有形固定資産の処分益	1,000	(200)	－			
営業利益	10,000			9,000		

	20X2年			20X1年		
		法人所得税費用	非支配持分		法人所得税費用	非支配持分
調整後の継続事業からの純利益	8,400			5,900		
減損損失	(2,000)	—	(100)	(1,000)	—	(50)
リストラクチャリング費用	(1,500)	300	(60)			
訴訟費用				(1,500)		
有形固定資産の処分益	1,000	(200)	—			
関連会社処分損益				2,000	(400)	—
法人所得税費用	100	—	—	(400)	—	—
継続事業からの純利益	6,000			5,000		

※各調整項目が含まれているP/Lの科目につき，別途脚注等で情報を提供する
（2023年7月　会計基準アドバイザリー・フォーラム　会議資料設例4を参考に筆者作成）

図表8－2に示されている開示例は以下の特徴がある。

- 複数のMPMをそれぞれの表で表す。
- 横列をP/Lの小計および調整項目とする。
- 縦列に税金と非支配持分に関する情報を開示する。
- P/Lの科目は脚注において文章で説明する。
- 比較年度とあわせて1つの調整表を作成する。

これによると，上から下へMPMから開示IFRS数値の調整をしているフォーマットになる。MPMが2つ以上ある場合には，横列に同じ調整項目が複数回並ぶ。

図表8-3 MPMの調整表の開示例(3)

	20X2年	20X1年	20X2年			
					P/Lの科目名	
			法人所得税費用	非支配持分	その他の営業費用	研究開発費
調整後の営業利益	12,500	11,500				
減損損失	(2,000)	(1,000)	―	(100)		(800)
リストラクチャリング費用	(1,500)		300	(60)		
訴訟費用		(1,500)	―	―		
有形固定資産の処分益	1,000		(200)	―	1,000	
営業利益	10,000	9,000				

	20X2年	20X1年	20X2年			
					P/Lの科目名	
			法人所得税費用	非支配持分	その他の営業費用	研究開発費
調整後の継続事業からの純利益	8,400	5,900				
減損損失	(2,000)	(1,000)	―	(100)		(800)
リストラクチャリング費用	(1,500)		300	(60)		
訴訟費用		(1,500)	―	―		
有形固定資産の処分益	1,000		(200)	―	1,000	
関連会社の処分益		2,000				
法人所得税費用	100	(400)				
継続事業からの純利益	6,000	5,000				

(2023年7月 会計基準アドバイザリー・フォーラム 会議資料設例4を参考に筆者作成)

図表8-3に示されている設例は,以下の特徴がある。

- 複数のMPMをそれぞれの表で表す。
- 横列をP/Lの小計および調整項目とする。
- 縦列にP/Lの科目および税金と非支配持分に関する情報を開示する。
- 比較年度とあわせて1つの調整表を作成する。

20X1年

一般管理費	のれんの減損損失	法人所得税費用	法人所得税費用	非支配持分	P/Lの科目名			
					研究開発費	一般管理費	関連会社処分損益	法人所得税費用
	(1,200)		—	(50)	(1,000)			
(1,500)			—	—			(1,500)	

20X1年

一般管理費	のれんの減損損失	法人所得税費用	法人所得税費用	非支配持分	P/Lの科目名			
					研究開発費	一般管理費	関連会社処分損益	法人所得税費用
	(1,200)		—	(50)	(1,000)			
(1,500)			—	—			(1,500)	
			(400)	—			2,000	
		100	—	—				(400)

　これによると，上から下へMPMから開示IFRS数値の調整をしているフォーマットになる。視覚的には縦列の項目が多く，横長の表となる。また**図表8－2**同様に，MPMが2つ以上ある場合には，横列に同じ調整項目が複数回並ぶ。

(4) MPMの識別フローチャート

　それでは，これまでの定義やポイントなどを踏まえて，実際にどのように

MPMを識別すればよいのかを考えてみよう。IFRS第18号とともに公表されている設例では、**図表8－4**のフローチャートが提供されている。

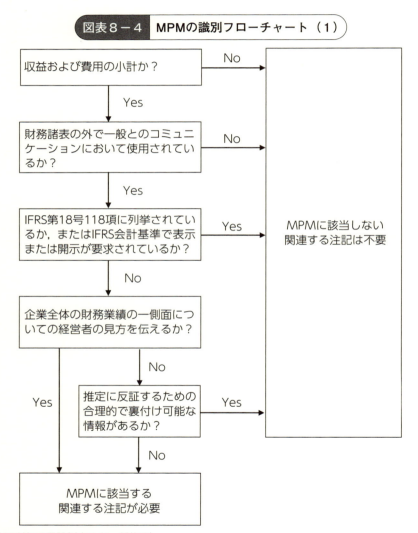

(IFRS第18号設例表6を一部修正)

あるいは，網羅的にMPMを識別する観点からは，実務上**図表8－5**に示したような検討順序が効率的な場合も考えられる。

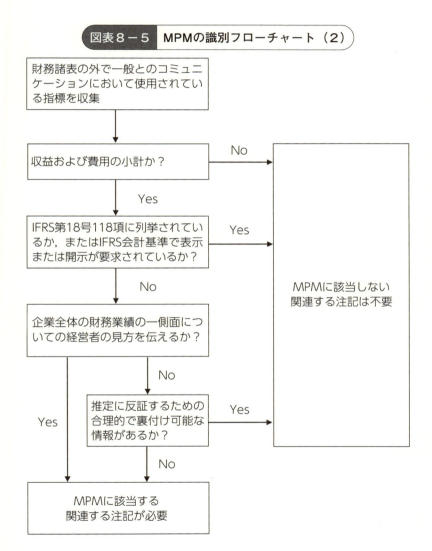

図表8－4では，特定の指標がすでに識別されていることを前提として，当該指標が定義の前提となる収益および費用の小計であるかの検討をMPM識別

の出発点としている。4つ目のボックスの企業全体の財務業績の一側面についての経営者の見方を伝えるか，という検討については，他の要件と比べて検討の難易度が高く，その後反証の検討を要する場合もあることから，その他の要件（1つ目から3つ目のボックス）の要件を満たした後に検討するのが効率的であろう。

図表8−5においては，企業はまず自社の財務諸表の外での一般とのコミュニケーションに使用されている指標を網羅的に収集する。その後，収集された各指標につき，それが収益および費用の小計であるか，IFRS会計基準で列挙されているか，等を検討していく。この場合もやはり，当該指標が企業全体の財務業績の一側面についての経営者の見方を伝えるか，という検討は，他の要件を考慮した後に行うことが効率的と考えられる。

いずれにせよ，MPMの要件の検討に求められる順番があるわけではなく，企業の状況や指標の性質により効率的な順番で検討を行うことで差し支えない。また，本章（2）①で解説したように，「収益および費用の小計」には財務比率の分子または分母である小計も含めて検討する必要があることに留意されたい。

（5） 一般的に使用されている指標の分析

MPMに関する説明の締めくくりとして，現在企業が任意で会社の業績指標の一環として開示しているいくつかの具体的な指標，または類似の指標について，それらがMPMの定義に当てはまるものなのかを考えてみたい。なお，以下の分析における「営業利益」とは，IFRS第18号により定義された小計（第3章参照）ではなく，IFRS第18号適用前において各社がそれぞれ独自に定義している小計である点は留意されたい。

① EBITDA

EBITDA（earnings before interest, taxes, depreciation and amortisation：利息・税金・減価償却および償却前利益）はIFRS会計基準で定義された指標ではない。EBITDAは，企業価値評価の1つであり，各国の法人税率や金利

水準などの影響を除外する。一般的に本業による収益力を示すための指標ともいわれ，経営上の重要な指標として経営者の業績の見方を示す手段として幅広く使われている。

　一般的にはEBITDAは，その名称のとおり当期純利益に支払利息，税金，減価償却および償却を加算調整している場合が多いと考えられる。ただし，実際にIFRS会計基準を適用している企業の開示を見てみると，その調整項目は企業により異なっている。前述の調整項目のほか，株式報酬費用や減損損失，その他収益および費用を調整項目としている場合もあり，また営業利益をスタートとして減価償却および償却，その他の収益費用を調整している場合もある。

> **Plus One Point**
>
> 　IFRS第18号の開発過程で，IASBはEBITDAを定義することを検討したが，最終的にはこれを断念した。EBITDAは財務諸表利用者とのコミュニケーションで最も一般的な指標とされているが，金融等の一部の業界では使用されておらず，EBITDAが何を表すのかについて，財務諸表利用者の間にも一致した見解がなかったということが背景にある（IFRS第18号BC363項）。
>
> 　なお，EBITDAという指標自体がMPMの定義を満たす可能性があることはIASBも認識している（IFRS第18号BC364項）。

　したがって，企業が財務諸表の外での一般とのコミュニケーションにおいて使用している（IFRS第18号117項(a)）EBITDAがMPMに該当するのか検討するにあたっては，まず自社のEBITDAの定義，調整項目の内容，当該指標使用の意図，経営上の指標や財務業績との関連等といったことを明確にしなければならない。そして，その内容をMPMの要件に照らして判断する必要がある。

　上述のように調整項目は企業により様々であるものの，EBITDAである以上は何らかの利益，例えば営業利益または当期純利益をベースに特定のP/L項目を加減算調整して計算されているはずで，収益および費用の小計に該当するといえるだろう。また，IFRS会計基準で表示または開示することも要求され

ていない（IFRS第18号117項(c)）。

企業が使用しているEBITDAが「減価償却，償却およびIAS第36号の範囲に含まれる減損前の営業利益」（IFRS第18号118項(b)）（この場合，該当するすべての損益を，そしてそれのみを調整している必要がある）に該当する場合，当該指標はMPMではない。これに対し，それ以外の項目を調整している（あるいは，上述の項目のうち一部であっても調整していないものがある）場合，当該指標はIFRS第18号118項に列挙されている指標ではない。

したがって，後者の場合，EBITDAが企業全体の財務業績の一側面についての経営者の見方を財務諸表利用者に伝える（IFRS第18号117項(b)）のであれば，その指標はMPMになり，関連する各種の開示が求められることとなる（本章（3）参照）。EBITDAがこの要件を満たすかについては，本章（2）③で解説した検討が必要である。

また，MPMに該当する場合，企業は財務諸表利用者に誤解を与えない明瞭で理解可能な方法で当該指標の名称を付け記述しなければならない（IFRS第18号123項）。例えば，EBITDAは文字どおりには利息・税金・減価償却および償却前利益を指すため，それ以外の項目（株式報酬費用など）も調整している場合，EBITDAという名称は財務諸表利用者に誤解を与えるかもしれない。

> **Plus One Point**
>
> IASBは，企業が減価償却，償却およびIAS第36号の範囲に含まれる減損の前の営業利益という小計を表示する場合，MPMについて開示が要求される追加的な情報のコストは当該情報によって提供される便益を上回るだろうと考えている（IFRS第18号BC364項）。それは，「減価償却，償却およびIAS第36号の範囲に含まれる減損前の営業利益」という指標が十分に定義されているからである。したがって当該指標をIFRS第18号118項に含めることで，これについてはMPMに該当しないと整理された。

② コア事業利益または一過性損益調整後営業利益

コア事業利益や一過性損益調整後営業利益といった指標も，実務上比較的よ

く見かける指標ではないだろうか。その定義や計算方法は企業によって異なり，当該指標について提供されている追加的な情報も様々である。一般的に，このような指標は，営業利益から（経営者の考える）非経常的な要因により発生した一過性損益の影響を除いた指標であることが多い。日本基準における経常損益と類似した数値，すなわち日本基準でいう特別損益項目を調整して計算されていることもある。

このような指標は，IFRS第18号118項に列挙されておらず，IFRS会計基準で表示および開示することが具体的に要求されていないものである。したがって，当該業績指標が収益および費用の小計であり（名称からその可能性は高い），当該指標を企業が財務諸表の外で一般とのコミュニケーションに使用しており，当該指標が財務諸表利用者に企業全体の業績の一側面についての経営者の見方を伝えているのであれば，MPMに該当すると考えられる。

この場合，上記①のEBITDAと同様，MPMに該当する場合，企業は財務諸表利用者に誤解を与えない明瞭で理解可能な方法で当該指標の名称を付け記述する必要がある（IFRS第18号123項）。例えば，「一過性損益調整後営業利益」という名称は，どのような損益が一過性損益に該当するのか，企業がそれをどのように判断するのか，という情報を十分に伝えていないため，よりわかりやすい名称または追加の説明的記述を提供することが必要となる可能性がある。そのためには，まずは当該指標が企業内でどのように定義されているのかから明らかにする必要があるであろう。

企業はさらに，MPMに求められる各種の開示を行う必要がある（本章（3）参照）。指標の計算方法を変更する場合もその理由等を開示する必要があるため，各期で任意の項目を調整するといったことは難しくなると考えられる。つまり，企業は「一過性損益」を定義し，その定義に該当する損益のみを，そしてそのすべてを毎期継続的に調整し，調整内容に変更があった場合にはその理由等を開示することとなる。財務諸表監査を受けている場合，関連する情報の収集体制なども含め，これらの開示がすべて監査範囲に含まれることとなる。

> **Plus One Point**
>
> IFRS第18号の公開草案「財務諸表の全般的な表示及び開示」において，

> IASBは「通例でない収益および費用」の定義と，関連する開示要求を提案していた。当該提案は，いわゆる一過性損益の一部を捕捉し，企業に開示を求めることにより，財務諸表利用者が将来キャッシュ・フローの予測を行う上で有用な情報を提供することを目的としていた。
> しかし，その定義や運用について利害関係者から寄せられた多くの懸念を検討した結果，最終的にIASBは当該提案を取り下げたため，関連する要求事項はIFRS第18号には含まれていない。

③ 為替一定ベースの利益指標

企業が当期の業績を説明する際，外貨建の項目を前期の為替レートまたは予想為替レートで円換算した仮想的な調整後営業利益等を開示し，実績と比較して分析をしているケースがある。このような指標は為替一定，為替影響調整または為替影響除外等の名称が付されていることがある。

IFRS第18号は，MPMである収益および費用の小計を企業が計算する方法に具体的な制限を設けていない。そのような制限は，財務諸表利用者が有用と考える指標を企業が開示することを妨げる可能性があるからである（IFRS第18号BC357項）。例えば，企業はP/Lの項目と異なる会計方針を用いて計算した指標や，IFRS会計基準に準拠していない会計方針に基づく指標（比例連結を適用する指標など）をMPMとして開示することができる。この場合，企業は追加的な情報をMPMの注記で提供する（IFRS第18号B134項）。これらを勘案すると，上述の為替一定ベースで計算された利益指標をMPMから除外する理由はなく，当該指標は収益および費用の小計を示していると考えられる。

当該指標はIFRS第18号118項に列挙されておらず，IFRS会計基準によって表示および開示することが具体的に要求されていない。そして，当該指標を財務諸表の外で一般とのコミュニケーションに使用している場合，企業が財務諸表利用者に企業全体の財務業績の一側面についての経営者の見方を伝えるために用いているものと推定される。したがって，推定が反証されない限り，当該指標はMPMに該当すると考えられる。

> **Plus One Point**
>
> 　企業が複数の国で事業を行っている場合，すべての外貨建項目を調整対象とするのか，あるいは特定の通貨のみを調整対象とするのかという検討が必要となるかもしれない。企業は，当該指標が伝えている財務業績の一側面についての経営者の見方や，一般とのコミュニケーションにおける使用の意図等に鑑みてこれを事前に決定し，継続して運用していく必要がある。
>
> 　また，当然に為替の影響が有利または不利いずれに働いている場合であっても，MPMとして継続して開示しなければならない。現状，脚注などで簡単にその調整について説明をしている開示例も見られるが，IFRS第18号のMPMの開示要求を満たすため，開示内容の拡充が求められるケースもあるであろう。上述のとおり，関連する開示は単一の注記に記載する必要がある。

④　日本基準の営業利益（連結ベース）

　我が国でIFRS会計基準適用会社といった場合，連結財務諸表をIFRS会計基準，単体財務諸表を日本基準で作成している企業がほとんどである。このような場合，日本基準など現地基準をもとにした連結ベースの業績指標を，財務諸表の外での一般とのコミュニケーションで開示しているケースがある。一般的には認識および測定についてはIFRS会計基準を適用し，特定の項目（例えば日本基準の営業外損益および特別損益項目）を調整して業績指標を計算していることが多いのではないかと思うが，認識および測定について現地基準を採用している場合でも以下の議論に影響はない。上述のとおり，IFRS会計基準で認められていない会計方針を用いて計算した指標も，MPMに含まれうるからである。

　さて，日本基準による収益および費用の小計である営業利益は，当然ながらIFRS第18号118項にも列挙されておらず，特にIFRS会計基準で求められている指標でもない。企業が日本基準の営業利益を財務諸表の外での一般とのコミュニケーションで開示している場合，当該指標は企業全体の財務業績の一側面についての経営者の見方（例えば日本基準に基づいた財務業績）を伝えていると推定される。では，この場合，企業は推定を反証できるだろうか。

> **Plus One Point**
>
> 　公開草案に対する利害関係者からのフィードバックにおいては，現地基準をベースにした業績指標に関して，推定を反証することについて例外的な措置を取れるようにすべきという要望も寄せられた。しかし，IASBは最終的にそのような例外措置を採択しなかったため，このような業績指標に関しても，原則どおりに企業が推定を反証する必要がある。

　本章（2）③で説明したように，推定を反証するためには，企業は以下の両方を合理的で裏付け可能な情報により立証しなければならない（IFRS第18号B124項）。

(i) 当該小計が，企業全体の財務業績の一側面についての経営者の見方を財務諸表利用者へ伝えていない。

(ii) 企業全体の財務業績の一側面についての経営者の見方を伝えること以外に，当該小計を一般とのコミュニケーションにおいて使用する理由がある。

　要件(i)を立証する情報としては①その指標を他のものより目立たせずに伝えており，②財務業績の評価またはモニタリングに企業内部で使用していない，という2点が例示されている（IFRS第18号B125項）。①については表記方法の問題であり，仮に現在目立った表記となっている場合でも，IFRS第18号適用前に他の指標より目立たない表記とすることで立証が可能になるかもしれない。

　②についても事実の問題であるので，実際に企業内部で当該指標を使用していないのであれば，例えば財務業績の評価またはモニタリングの際に使用される資料に当該指標が用いられていないことをもって立証できるかもしれない。ただし，そのような資料に記載があってなお，当該数値を実際は使用していない，と証明することはなかなか難しいように思われる。

　なお，本章（2）③で説明したように①②の情報はあくまでも例示のため，これに該当しないことで即座に要件(i)の立証が否定されるものではないが，そ

の理由や他の立証の根拠となる情報の合理性も含め，慎重な検討が求められると考えられる。

さて，要件(ⅱ)のほうはどうであろうか。要件(ⅱ)を立証する情報の例として，IFRS会計基準以外の会計上の枠組みに従って作成した財務諸表に関する業績を伝えている，というものがある（IFRS第18号B129項(b)）。日本基準の営業利益はこれに該当する可能性がある。可能性がある，とぼかした言い方をしたのは，認識・測定まで日本基準を採用しているか，表示のみ組み替えているかにより，状況が異なる可能性があるためである。

要件(ⅰ)の場合と同様，これはあくまで要件(ⅱ)を立証する情報の例示にすぎないため，IFRS第18号B129項に例示されているその他の要件への該当可否とその理由を含め，総合的な検討が必要と考えられる。

⑤ 日本基準の営業利益（単体ベース）

日本基準の単体ベースでの営業利益の場合，事情が少し違ってくる。この指標がどこに開示されているかにより検討ポイントが多少異なるが，ここでは日本基準の単体P/Lそのものに表示されている営業利益（およびその他の小計）について考えてみよう。IFRS会計基準で前提としている財務諸表は，IFRS会計基準を適用した財務諸表，すなわち上記④で記載したような日本のIFRS会計基準適用会社の場合，IFRS会計基準を適用している連結財務諸表である。したがって，MPMに該当するかの検討にあたり，日本基準の単体財務諸表は財務諸表の外での一般とのコミュニケーションに該当する。

日本基準の単体P/Lに表示されている営業利益は，収益および費用の小計であり，IFRS第18号118項に列挙されておらず，特にIFRS会計基準で求められている指標でもない。このような指標は，企業全体の財務業績の一側面についての経営者の見方を伝えると推定される（IFRS第18号119項）が，④でも説明したとおり，この推定は反証が認められる。

反証にあたっては，④に記載した要件(ⅰ)および要件(ⅱ)の双方を立証する合理的で裏付け可能な情報が必要である点は同様である。ただし，単体P/Lの営業利益に関しては，当該指標が「企業全体の」財務業績の一側面に関連するかという点についても検討が必要である。本章（2）③でも触れたように，当該指

標が「企業の一部の」財務業績の一側面にのみ関連するといえれば、要件(i)を立証できると考えられる。

要件(ii)に関してであるが、日本企業は規制当局および関係法令により、有価証券報告書内に日本基準の単体P/Lを開示すること、ならびに単体P/Lにおいて営業利益を表示することを求められている。このため、要件(ii)を立証する情報として挙げられている4つの例のうち、少なくとも以下の2つは満たしていると考えられる。

- 法律または規則によって一般とのコミュニケーションにおいて要求されている（IFRS第118号B129項(a)）
- IFRS会計基準以外の会計上の枠組みに従って作成した財務諸表に関する業績を伝えている（IFRS第118号B129項(b)）

なお、要件(i)同様、「企業の一部の」財務業績の一側面にのみ関連する、ということを根拠に要件(ii)を立証することも考えられる。

Plus One Point

有価証券報告書に含まれる単体P/Lの各小計、すなわち営業利益や経常利益などについて、P/L本表（および規則等により開示が求められる特定の個所、例えば有価証券報告書第一部「企業情報」第1「企業の概況」1「主要な経営指標等の推移」）に表示していることのみをもってMPMに該当すると整理されるとは考えづらい。

しかしながら、当該指標が「企業全体の」財務業績の一側面に関連する場合、企業はそれを企業の財務業績の一側面についての経営者の見方を伝えるために使用することも可能であろう（IFRS第18号BC351項）。このため、企業は単体P/Lの営業利益が他にどのような個所でどのように開示されているかも考慮し、推定の反証が可能かを検討することになる。

(6) まとめ

　本章では，IFRS第18号により導入されたMPMに関連する要求事項について解説した。

　本章（1）では，具体的なMPMの内容を確認する前に，IFRS第18号においてMPMが導入された背景について概観した。

　本章（2）では，MPMの定義について触れた。MPMは収益および費用のうち，企業が財務諸表の外で一般とのコミュニケーションにおいて使用しており，企業全体の財務業績の一側面についての経営者の見方を財務諸表利用者に伝え，かつIFRS第18号118項に列挙されておらずIFRS会計基準によって表示および開示が具体的に要求されていないものである。これらの要件の具体的な内容や，検討時に留意すべきポイントについて詳細に説明した。

　本章（3）ではMPMの具体的な開示要求について解説した。要求される開示のうちの1つであるMPMとIFRS指標の調整表については，いくつかの開示例を提供した。また本章（4）ではフローチャートをもとにMPM識別のプロセスを確認した。

　本章（5）では，実務で一般的に使用されているEBITDA，コア事業利益，為替一定ベースの利益，日本基準の営業利益などの指標がMPMに該当するか，個別に要件に当てはめて説明した。これらの指標がMPMに該当する場合には関連する注記が要求される。

　これらの定義や開示要求事項を見てきてわかるとおり，これは単に開示に関する事項ではなく，経営者の判断に基づく会社戦略に深く関わってくるものである。注記といえば定型的な記載のイメージがあるかもしれないが，見方を変えれば会社の判断，一般とのコミュニケーションの内容を財務諸表内で表すことのできる有効な手段であるともいえる。財務諸表利用者とどのように戦略的にコミュニケーションをとっていくかの検討にあたり，本章が少しでも参考になれば幸いである。

第 9 章
IFRS第18号の
他のIFRS会計基準への影響

IFRS第18号「財務諸表における表示及び開示」の公表に伴い，整合性を図るために他のIFRS会計基準も広く修正されている。特にIAS第8号は影響が大きく，IAS第1号「財務諸表の表示」の財務諸表の全般的な特徴に関する要求事項が移管され，基準名も「財務諸表の作成基礎」に変更されている。また，経営者が定義した業績指標（MPM）や集約および分解の原則は，1株当たり利益に関する情報，期中財務報告にも影響がある。本章では，これらの修正内容について取り上げる。

本章では、IFRS第18号「財務諸表における表示及び開示」による他のIFRS会計基準への影響のうち、主要なものを取り上げている。なお、これらの影響は、IFRS第18号とともに公表された他のIFRS会計基準への結果的修正により、該当するIFRS会計基準が修正されたことに伴って生じるものであり、IFRS第18号の適用開始のタイミングで当該修正も適用される。

(1) IAS第8号「財務諸表の作成基礎」

IFRS第18号適用前の表示および開示のIFRS会計基準であったIAS第1号「財務諸表の表示」には、全般的な表示および開示の要求事項に加え、財務諸表の全般的な特徴に関する要求事項が含まれていた。IASBは、IFRS第18号の開発の過程において、財務諸表の全般的な特徴に関する要求事項の取扱いについて検討した。最終的に、各項に必要な修正を加えた上で、一部はIFRS第18号において引き継がれ、一部はIAS第8号およびIFRS第7号「金融商品：開示」に移管されることとなった（IFRS第18号BC1項）。

IAS第8号に関しては、これに伴い表題が修正されたほか、IAS第8号の目的および範囲に関する各項が改訂された。移管前後の紐付関係は**図表9－1**のとおりである。

図表9－1　移管前後の紐付関係

主要な内容	移管前（IAS第1号）	移管後（IAS第8号）
適正な表示およびIFRS会計基準への準拠	15項から24項	6A項から6J項
継続企業	25項から26項	6K項から6L項
発生主義会計	27項から28項	6M項から6N項
会計方針の選択および適用に関する開示（会計方針の開示）	117項から117E項	27A項から27F項
	118項から121項	該当なし
	122項から124項	27G項から27I項
見積りの不確実性の発生要因	125項から133項	31A項から31I項

（IFRS第18号と同時に公表されたIASBの参照資料をもとに筆者作成）

第9章 IFRS第18号の他のIFRS会計基準への影響 239

　以下では，これらの移管された要求事項を含む，IAS第8号の修正内容について説明する。

① IAS第8号の表題の修正

　上述のとおり，かつてIAS第1号に含まれていた要求事項の一部を移管したことに伴い，IAS第8号の表題が「会計方針，会計上の見積りの変更及び誤謬」から，「財務諸表の作成基礎」に変更された。これはIAS第8号が会計方針，会計上の見積りの変更や誤謬の訂正等に関する要求事項に加え，全般的な要求事項を含むこととなった影響を反映したものである。

② 移管された主要な内容1：適正な表示およびIFRS会計基準への準拠

　財務諸表の目的は，報告企業の資産，負債，資本，収益および費用に関して，財務諸表利用者が企業への将来の正味キャッシュ・インフローの見通しの評価および企業の経済的資源にかかる経営者の受託責任の評価を行う際に有用な財務情報を提供することである（財務報告に関する概念フレームワーク（概念FW）3.2項，IFRS第18号9項）。当該目的を達成するために，企業は財務諸表で財政状態，財務業績およびキャッシュ・フローを適正に表示しなければならないが，この適正な表示の原則は，IAS第1号からIAS第8号への移管後も変更なく維持されている。

　具体的には，適正な表示を達成するためには，概念FWに示されている資産，負債，収益および費用の定義ならびに認識規準に従った取引，ならびにその他の事象および状況の影響を忠実に表現することが要求される。またIFRS会計基準を適用し，必要な場合に追加的な開示を加えることにより，適正な表示を達成する財務諸表となるものと推定される（IAS第8号6A項）。さらに，財務諸表がIFRS会計基準に準拠する企業は，そのような準拠の旨の明示的かつ無限定の記述を注記において行う必要があり，財務諸表がIFRS会計基準のすべての要求事項に準拠していない限り，財務諸表をIFRS会計基準に準拠しているものと記載してはならない（IAS第8号6B項）。

　ほとんどすべての状況において，IFRS会計基準（会計方針の選択や表示お

よび開示の要求事項を含む)への準拠によって適正な表示が達成される(IAS第8号6C項)。しかし,極めて稀な場合において,IFRS会計基準のある要求事項への準拠が,上述の財務諸表の目的に反するほどに誤解を招くと経営者が判断する可能性がある。

そのような場合において,関連する規制上の枠組みがIFRS会計基準の要求事項からの離脱を要求しているか,または禁じていない場合,企業は当該要求事項から離脱し,以下を開示する(IAS第8号6E項～6F項)。

- 当該財務諸表が企業の財政状態,財務業績およびキャッシュ・フローを適正に表示していると経営者が結論を下した旨
- 適正な表示を達成するために特定の要求から離脱したことを除いては,適用可能なIFRS会計基準に準拠している旨
- 企業が離脱したIFRS会計基準書の表題,離脱の内容(IFRS会計基準書が要求する処理を含む),当該処理が当該状況において概念FWに示されている財務諸表の目的に反するほどに誤解を招くであろう理由,および採用した処理
- 表示している各期間について,当該要求に従って報告した場合の財務諸表における各項目に当該離脱が与える財務上の影響

一方,関連する規制上の枠組みがIFRS会計基準の要求事項からの離脱を禁止している場合,企業は,以下を開示することにより,準拠が誤解を生じさせると認識されている局面を最大限可能な範囲で減少させなければならない(IAS第8号6Ⅰ項)。

- 問題となるIFRS会計基準書の表題,その要求事項の内容,その要求事項に従うことが当該状況において概念FWに示されている財務諸表の目的に反するほどに誤解を招くと経営者が判断した理由
- 表示している各期間について,経営者が適正な表示を達成するために必要となると結論を下した財務諸表における各項目に対する調整

以上をまとめると**図表9－2**のようになる。

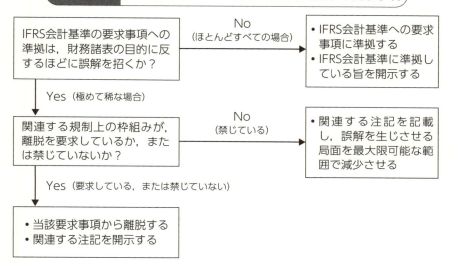

図表9－2　IFRS会計基準への準拠の有無と関連する要求事項

> [!NOTE]
> **Plus One Point**
>
> 　IFRS会計基準からの離脱をIFRS会計基準内に取り込むことは，原則主義であるIFRS会計基準には不可欠であったともいえる。
>
> 　一方，日本基準においては会計基準等に従うことで真実な報告（企業会計原則第一.一）が達成されると考えられ，同様の定めはない。制度としても，次のとおり会計基準への準拠やしん酌が求められている。
>
> 【金融商品取引法】
>
> 　財務諸表等の用語，様式及び作成方法に関する規則（以下「財規」という）1条1項では，金融商品取引法の規定により提出される財務計算書に関する計算書類は，用語，様式および作成方法について所定の規定に定めるところによるものとしつつ，この規則において定めのない事項については，「一般に公正妥当と認められる企業会計の基準に従うものとする」としている。ここで一般に公正妥当と認められる企業会計の基準には，次のものがあ

- 企業会計基準審議会により公表された企業会計の基準（財規1条2項）
- 企業会計の基準についての調査研究および作成を業として行う団体であって次に掲げる要件のすべてを満たすものが作成および公表を行った企業会計の基準のうち、公正かつ適正な手続の下に作成および公表が行われたものと認められ、一般に公正妥当な企業会計の基準として認められることが見込まれるものとして金融庁長官が定めるもの（財規1条3項）

【会社法】

　会社計算規則3条では、省令の用語の解釈および規定の適用に関して、「一般に公正妥当と認められる企業会計の基準その他の企業会計の慣行をしん酌しなければならない」としている。

③ 移管された主要な内容2：継続企業

　本項では継続企業に関連する要求事項についてまとめておく。これらの要求事項は、IAS第1号からIAS第8号に移管されたものの、その要求事項について重要な変更はない。

　まず、経営者は企業が継続企業として存続する能力があるのかどうかを評価する必要がある（IAS第8号6K項）。経営者が企業を清算する、または営業を停止する方針を決定する場合（それ以外に現実的な代替案がない場合を含む）、継続企業の前提に基づき財務諸表を作成することはできない。この評価には報告期間の末日後における事実関係（意思決定、財政状態および財務業績の悪化の有無等）も考慮する（IAS第10号「後発事象」14項～15項）。例えば、報告期間の末日現在は継続企業を前提としている場合でも、財務諸表の発行が承認される前に企業を清算することが決定した場合は、継続企業を前提とした財務諸表の作成は適切ではないと考えられる。また評価には将来（少なくとも報告期間の期末日から12か月は必要であるが、それに限定されない）に関するすべての入手可能な情報を考慮しなければならない（IAS第8号6L項）。

　評価の結果、継続企業の前提が成立していない場合は、継続企業の前提に基

づく財務諸表を作成してはならず，さらに継続企業の前提が成立していない事実，財務諸表の作成基礎，継続企業とは認められない理由を開示しなければならない（IAS第8号6K項〜6L項）。

なお，評価に際して重大な不確実性や重大な判断を要した場合，一定の開示が必要であり，これについて**図表9−3**にまとめている。

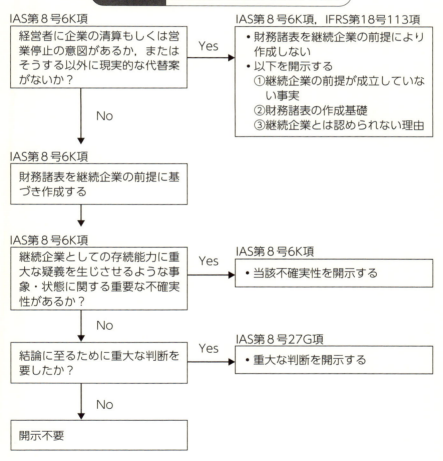

図表9−3　継続企業の前提に関連する開示

> **Plus One Point**
>
> 　日本基準においても継続企業の前提の成立可否は財務諸表の作成基礎として重要であり，監査・保証実務委員会報告（監保報）第74号「継続企業の前提に関する開示について」2項では，財務諸表の作成にあたり準拠する一般に公正妥当と認められる企業会計の基準は，継続企業の前提を基礎としていると解されている，と説明している。そのため経営者は，貸借対照表日後の状況も考慮に入れて，継続企業の前提に関する評価を実施しなければならない（監保報第74号3項，監保報第76号「後発事象に関する監査上の取扱い」7項）。
>
> 　また，評価には継続企業の前提に重要な疑義を生じさせるような事象または状況を解消し，または改善するための経営者の対応を含めて，合理的な期間（少なくとも貸借対照表日の翌日から1年間）にわたり企業が事業活動を継続できるかどうかについて，入手可能なすべての情報に基づいて実施する必要がある。
>
> 　これらの評価の結果，貸借対照表日において，継続企業の前提に重要な疑義を生じさせるような事象または状況を解消し，または改善するための対応を実施してもなお継続企業の前提に関する重要な不確実性が認められる場合，継続企業の前提に関する事項として，重要な疑義を生じさせるような事象または状況が存在する旨，その内容，対応策，重要な不確実性が認められる理由，財務諸表は継続企業を前提としている旨（重要な不確実性の影響を反映していない旨）の注記が必要である。また，貸借対照表日後に継続企業の前提に重要な疑義を生じさせるような事象または状況が発生し，なお不確実性が認められ，翌事業年度以降の財政状態，経営成績およびキャッシュ・フローの状況に重要な影響を及ぼすときは，重要な後発事象としての注記が必要である（監保報第74号7項）。
>
> 　直近の動向として，企業会計基準委員会（ASBJ）は国際的な会計基準の定め（IAS第1号およびIAS第10号）等を踏まえた見解を取りまとめ，2024年6月に「継続企業および後発事象に関する研究調査」を公表した。企業会計基準諮問会議からも，同年7月に「継続企業に関する会計基準の開発」について新規のテーマ提言があり，ASBJの審議を経て，「現在開発中の

会計基準に関する今後の計画」（2024年8月21日付）に、「継続企業に関する会計基準」の開発について、検討を開始する予定であることが公表された。

④ 移管された主要な内容3：発生主義会計

発生主義会計に関連する要求事項も、IAS第1号からIAS第8号に移管されたものの、その要求事項について重要な変更はない。そのため、企業はキャッシュ・フロー情報を除いて、財務諸表を発生主義会計を用いて作成することが要求される（IAS第8号6M項）。発生主義会計に従い、企業は概念FWにおける定義および認識規準を満たす時点で、財務諸表の構成要素として資産、負債、資本、収益および費用を認識する（IAS第8号6N項）。

> **Plus One Point**
>
> 日本基準でも「すべての費用および収益は、その支出および収入に基づいて計上し、その発生した期間に正しく割り当てられるように処理しなければならない」（企業会計原則第二.一.A）とされており、発生主義の原則を用いて財務諸表を作成することが求められている。なお、ASBJが公表した討議資料「財務会計の概念フレームワーク」では、資産、負債、資本、純利益、包括利益、収益、費用の定義および認識の制約条件が示されている。

⑤ 移管された主要な内容4：会計方針の開示

企業は重要性がある会計方針情報を開示しなければならない。「重要性がある」の定義は第2章（4）を参照いただきたいが、会計方針情報に重要性がある場合とは、企業の財務諸表に含まれている他の情報と合わせて考えた場合に、一般目的財務諸表の主要な利用者が当該財務諸表に基づいて行う意思決定に影響を与えると合理的に見込みうる場合である（IAS第8号27A項）。そこで、企業はまず会計方針情報に重要性があるかどうかを判断する必要がある。

a．重要性があるかどうかの判断

　会計方針情報は，財務諸表利用者が，財務諸表における他の重要性がある情報を理解するために必要となる場合には，重要性があると見込まれる。例えば，会計方針情報が，重要性がある取引，その他の事象または状況に関連し，かつ次のいずれかである場合には，重要性があると考える可能性が高い（IAS第8号27C項）。

- 企業が当報告期間中に会計方針を変更し，この変更により，財務諸表における情報に重要性がある変動が生じた。
- 企業が当該会計方針をIFRS会計基準で認められている1つまたは複数の選択肢から選択した。
- 当該会計方針は，具体的に当てはまるIFRS会計基準書がないため，IAS第8号に従って策定された。
- 当該会計方針は，企業が会計方針の適用にあたって重要な判断または仮定を行うことを要求されていて，IAS第8号27G項および31A項に従って当該判断または仮定を開示している領域に関連している。
- それらについて要求される会計処理が複雑で，財務諸表利用者が，会計方針情報がないと，その重要性がある取引，その他の事象または状況を理解しないであろうと考えられる。

　なお，次の点も考慮して開示する会計方針情報を提供することに留意したい。

- 重要性がある取引，その他の事象または状況に関連する会計方針情報のすべてが，それ自体で重要性があるわけではないこと（IAS第8号27B項）
- 定型化された情報やIFRS会計基準の要求事項の繰り返しや要約だけの情報より，IFRS会計基準における要求事項を企業自身の状況にどのように適用したのかに焦点を当てた企業固有の会計方針情報は有益であること（IAS第8号27D項）

b．重要性がない場合の取扱い

重要性がない取引，その他の事象または状況に関連する会計方針情報は，重要性がないため開示する必要はない（IAS第8号27B項）。ただし，次の点に留意が必要である。

> - 金額に重要性がない場合であっても，関連する取引，その他の事象または状況の性質により重要性がある可能性があること（IAS第8号27B項）
> - 重要性がない会計方針情報を開示する場合，そのような情報で重要性がある会計方針情報を不明瞭にしてはならないこと（IAS第8号27E項）
> - 会計方針情報に重要性がないという企業の結論は，他のIFRS会計基準に示されている関連する開示要求に影響を与えないこと（IAS第8号27F項）

c．経営者の判断

企業は，次節で説明する見積りを伴う判断（IAS第8号31A項）とは別に，重要性がある会計方針情報または他の注記とともに，経営者が当該企業の会計方針を適用する過程で行った判断のうち，財務諸表に認識されている金額に最も重大な影響を与えているものを開示しなければならない（IAS第8号27G項）。このような判断の例としては，次のようなものがある（IAS第8号27H項）。

> - どのような場合に，金融資産および貸手についてリースの対象となっている資産の保有による重大なリスクと経済的価値のほとんどすべてが他の企業に移転されるのか
> - 実質的に，特定の財の販売が融資の取決めであり，したがって収益を生じないものかどうか
> - 金融資産の契約条件が所定の日に元本および元本残高に対する利息の支払のみであるキャッシュ・フローを生じるかどうか

d．他のIFRS会計基準の要求事項

IAS第8号27G項に従って行われる開示について，他のIFRS会計基準で要求されていることがある（IAS第8号27Ⅰ項）。例えば，IAS第40号「投資不動産」では，不動産の分類が困難な場合に，投資不動産を自己使用不動産および企業の通常の事業の過程で販売目的で保有している不動産と区別するために設けた判断規準の開示を求めている。また，IFRS第12号「他の企業への関与の開示」は，企業が他の企業を支配しているかどうかを決定する際に行った判断の開示を求めている。

> **Plus One Point**
>
> 日本基準においても，財務諸表に重要な会計方針の注記が必要である（企業会計基準第24号「会計方針の開示，会計上の変更及び誤謬の訂正に関する会計基準」4-4項）。この趣旨は，財務諸表利用者が財務諸表作成の基礎となる事項を理解できるように会計処理の原則および手続の概要を示すことにある。そのため，財務諸表利用者の意思決定への影響に照らした重要性を考慮して，金額的側面と質的側面の双方を考慮して注記の要否を判断する必要がある（企業会計基準第24号35項）。

⑥ 移管された主要な内容5：見積りの不確実性の発生要因

企業は報告期間の末日における，将来に関して行う仮定および見積りの不確実性の他の主要な発生要因のうち，翌事業年度中に資産および負債の帳簿価額に重要性がある修正を生じさせる重大なリスクがあるものに関する情報を開示しなければならない。また，当該資産および負債に関して，注記には次の事項の詳細を開示しなければならない（IAS第8号31A項）。

- その性質
- 報告期間の期末日現在の帳簿価額

a．将来に関して行う仮定

一部の資産および負債の帳簿価額を算定する場合，不確実な将来の事象の影響について，見積りが要求される。例えば，直近に観察された市場価格が存在しない場合，次の事項を測定するために，将来志向の見積りが必要となる。これらの見積りには，キャッシュ・フローまたは割引率に対するリスク調整，給与の将来の変動および他のコストに影響を与える価格の将来の変動等の項目に関する仮定が必要である（IAS第8号31B項）。

- 有形固定資産の各クラスの回収可能価額
- 技術的陳腐化が棚卸資産に与える影響
- 進行中の係争の将来の結果に左右される引当金
- 年金債務等の長期従業員給付債務

b．不確実性の程度

IAS第8号31A項に従って開示される仮定およびその他の見積りの不確実性の発生要因は，経営者の最も困難な，主観的または複雑な判断が必要となる見積りに関連するものである。不確実性の将来における考えうる解決に影響を与える変数や仮定の数が多くなれば，その判断はより主観的かつ複雑であり，資産および負債の帳簿価額への重要性のある修正の可能性は，通常はそれに従って増大する点に留意が必要である（IAS第8号31C項）。

c．開示が不要な場合

IAS第8号31A項の開示は，報告期間の末日現在で同一の資産または負債についての活発な市場における相場価格に基づく公正価値で測定されている場合は開示が要求されない。これは，当該変動は報告期間の末日現在での仮定またはその他の見積りの不確実性の発生要因から生じるものではないからである（IAS第8号31D項）。

また，予算情報や予測を開示することは必ずしも要求されていない（IAS第8号31F項）。

d．情報提供の方法

　IAS第8号31A項の開示は，経営者が将来についておよび他の見積りの不確実性の発生要因について行う判断を，財務諸表利用者が理解するのに役立つ方法で提供する。提供される情報の性質と範囲は，仮定の性質およびその他の状況に応じて変わるが，例えば次のような開示の例がある（IAS第8号31E項）。

- 仮定またはその他の見積りの不確実性の性質
- 帳簿価額の，その計算の基礎となる方法，仮定および見積りに対する感応度（その感応度の理由を含む）
- 不確実性についての予想される解消方法および翌事業年度中に合理的に生じうる結果の範囲（影響を受ける資産および負債の帳簿価額に関して）
- 当該資産および負債に関連する過去の仮定について行った変更の説明（その不確実性が未解消のままである場合）
---

e．実務上不可能な場合の取扱い

　報告期間の末日時点における仮定または他の見積りの不確実性の発生要因が与える可能性のある影響の範囲を開示することが実務上不可能な場合がある。その場合，企業は既存の知識に基づいて，翌期中に仮定と異なる結果が生じることにより，影響を受ける資産または負債の帳簿価額に重要性がある修正が必要となることが合理的に考えうる旨を開示する。なお，すべての場合において，仮定の影響を受けている具体的な資産または負債（または，資産または負債の種類）の性質および帳簿価額を開示する（IAS第8号31G項）。

f．他のIFRS会計基準の要求事項

　他のIFRS会計基準が，IAS第8号31A項に従って要求されるはずの仮定の一部について，開示を要求していることがある。例えば，IAS第37号「引当金，偶発負債及び偶発資産」では，所定の状況において，各種の引当金に影響を与える将来の事象に関する主要な仮定の開示を求めている。また，IFRS第13号

「公正価値測定」では，公正価値で計上している金融資産および金融負債の公正価値を測定する際に企業が使用する重大な仮定（評価技法およびインプットを含む）の開示を求めている。

> **Plus One Point**
>
> 　日本基準においても，見積りの不確実性の発生要因にかかる注記情報について，財務諸表利用者の有用性が高い情報であるとの整理から，企業会計基準第31号「会計上の見積りの開示に関する会計基準」が公表された。この基準は，上述の開示要求に関する移管前の要求事項であるIAS第1号125項の「見積りの不確実性の発生要因」を基礎に開発されており，当年度の財務諸表に計上した金額が会計上の見積りになるもののうち，翌年度の財務諸表に重要な影響を及ぼすリスクがある項目における会計上の見積りの内容について，財務諸表利用者の理解に資する情報を開示することを求めている（企業会計基準第31号4項）。ここで重要性の判断は，影響の大きさおよび影響の発生可能性を総合的に勘案して決定することとなり，会計上の見積りとして注記すべきである場合には，次のような項目を注記することが求められている（企業会計基準第31号7項～8項）。
>
> - 財務諸表に計上した金額
> - 会計上の見積りの内容について，財務諸表利用者の理解に資するその他の情報
>   （例）
>   ・当年度の財務諸表に計上した金額の算出方法
>   ・当年度の財務諸表に計上した金額の算出に用いた主要な仮定
>   ・翌年度の財務諸表に与える影響
>
> 　なお，IAS第8号と同様に，直近の市場価格により時価評価する資産および負債の市場価格の変動は，会計上の見積りとして開示する項目を識別する際には除外される（企業会計基準第31号5項）。

(2) IAS第33号「1株当たり利益」

　IAS第33号は，同一の報告期間における異なる企業間の業績比較および同一企業の期間ごとの業績比較の向上を目的に，基本的1株当たり利益（基本的EPS）および希薄化後1株当たり利益（希薄化後EPS）の算定方法および表示に関する原則を定めている。

　基本的EPSおよび希薄化後EPSの計算方法は次のとおりであり，計算の起点となる分子の利益は，親会社の普通株主に帰属する純損益を使用する必要がある（IAS第33号10項，31項）。

$$\text{基本的EPS} = \frac{\text{親会社の普通株主に帰属する純損益}}{\text{当期中の発行済普通株式数の加重平均株式数}}$$

$$\text{希薄化後EPS} = \frac{\text{親会社の普通株主に帰属する純損益}+\text{希薄化潜在的普通株式の影響}}{\text{当期中の発行済普通株式数の加重平均株式数}+\text{希薄化潜在的普通株式の影響}}$$

　修正前のIAS第33号では，基本的EPSおよび希薄化後EPSに加え，包括利益計算書の報告項目を用いて，EPS数値を表示することが容認（IAS第33号73項〜73A項）されており，分子に使用する指標に自由度があったものと考えられる。

　一方，IFRS第18号による修正後のIAS第33号では上記容認規定は削除され，基本的EPSおよび希薄化後EPSに加え，一定の条件が満たされる場合，基本的EPSおよび希薄化後EPSの分子と異なる業績指標を分子に使用した，追加的な1株当たり利益（追加的なEPS）を開示することを認める方針に修正された。具体的な条件は次のとおりであるが，1株当たり利益に関する情報とIFRS第18号で定める小計または合計および経営者が定義した業績指標（MPM，第8章参照）との関連性が重視されていることがわかる（IAS第33号73B項）。

- 業績指標の分子は，親会社の普通株主に帰属する金額であること
- 親会社の普通株主に帰属する金額は，P/Lの定義された小計または合計（第3章参照），C/Iの定義された小計または合計（第4章参照），MPMまたはMPMに該当しないものとしてIFRS第18号118項に列挙された小計（第8章（2）参照）のいずれかであること

さらに，追加的なEPSを開示する場合，次のように計算，表示および開示することが求められる（IAS第33号73C項）。

- 追加した基本的EPSおよび希薄化後EPSを開示する場合，同じ目立ち方で開示すること
- 追加的なEPSの金額を，IAS第33号に従って算定した普通株式の加重平均株式数を用いて計算すること
- 追加的なEPSの金額を注記として開示すること（基本財務諸表に表示することはできない）
- 分子に用いたMPMについて，IFRS第18号121項から125項で要求されている情報を開示すること（第8章（2）参照）

Plus One Point

追加的なEPSに関する業績指標の分子として，例えば企業は現地法令または規則で要求されている数値を業績指標の分子として使用することが考えられる。このような場合，MPMの定義を満たすのであれば，分子として使用することは可能である。ただしMPMに関する開示を行わなければならない点に留意が必要である。

(3) IAS第34号「期中財務報告」

　IAS第34号は，企業が期中財務報告を作成する場合に適用され，期中財務報告の最小限の内容，期中報告期間にかかる完全な財務諸表または要約財務諸表に適用される認識および測定の原則を定めている。

　IAS第34号に従って作成される要約期中財務諸表における情報の表示および開示には，IFRS第18号は適用されないものの，以下の内容は例外的に適用されるため留意が必要である（IFRS第18号5項）。

- 集約および分解の原則（第2章参照）
- 相殺（第2章参照）
- MPM（第8章参照）

① 集約および分解の原則，相殺

　企業は，期中財務報告の中で1組の要約財務諸表を公表する場合，要約財務諸表に少なくとも，直近の年次財務諸表で掲載された見出しおよび小計のそれぞれならびにIAS第34号で要求している精選された説明的注記を含めなければならない。上記の要求事項に加えて，集約および分解の原則，ならびに相殺に関するIFRS第18号の要求事項が適用されることとなった（IAS第34号10項）。

② MPM

　IAS第34号16A項は，期中財務諸表におけるその他の開示を扱っており，企業に期中財務諸表の注記または期中財務報告書の他の個所に記載することを求めている。例えば，直近の年次財務諸表と同じ会計方針と計算方法を採用している旨（変更している場合は，その内容および影響），期中の営業活動の季節性または循環性についての説明的コメント等がある。

　IFRS第18号の公表に伴い，IAS第34号16A項にMPMについての開示が追加された。これにより，MPMに関連する注記（第8章（2）参照）は，期末の

みならず期中財務報告でも開示を求められる。

なお，MPMは財務諸表と同じ報告期間に関するものであるため，期中財務報告との関連において，次の点に留意が必要である（IFRS第18号B120項）。

- 期中財務諸表に関連しているが，年次財務諸表に関連していない小計は，期中財務諸表におけるMPMにしかなりえない
- 年次財務諸表に関連しているが，期中財務諸表に関連していない小計は，年次財務諸表におけるMPMにしかなりえない

③ 適用初年度の留意事項

財務諸表利用者の意思決定に有用な情報を提供する目的から，適用初年度の期中財務報告においては以下の留意事項がある。

a．IFRS第18号で要求されている見出しおよび小計の表示

IAS第34号10項が直近の年次財務諸表に掲記された見出しおよび小計の掲載を要求していることは前述のとおりであるが，IFRS第18号の適用初年度の直近の年次財務諸表の純損益計算書（P/L）は，IFRS第18号で要求されている小計と異なる小計である可能性がある。そのため，IFRS第18号に従って作成する最初の1組の年次財務諸表が公表されるまでは，次の点に留意すべきことが明らかにされている（IFRS第18号C4項）。

- 要約期中財務諸表における見出しおよび小計にIAS第34号10項の要求事項を適用してはならないこと
- IFRS第18号を適用するにあたって用いると見込んでいる見出しおよびIFRS第18号69項から74項で要求されている小計（第3章（5）参照）を表示すること

すなわち，IFRS第18号適用初年度の期中財務報告の要約P/Lには，前期末のIAS第1号に基づいて作成されたP/Lに表示されていた小計ではなく，当該

期末にIFRS第18号に基づいて作成されるP/Lに表示されると見込まれる小計を表示することとなる。

b．P/Lに表示した各科目にかかる調整表の開示

IFRS第18号の適用初年度の期中報告において，直前の比較対象期間（累計比較対象期間を含む）のP/Lに表示した科目について，以下の間の調整表を開示する必要がある（IFRS第18号C5項）。

- IFRS第18号を適用した場合の修正再表示後の金額
- IAS第1号を適用して過去に表示されていた金額

なお，この調整表は，IAS第34号16A項(a)に規定される，会計方針の継続適用または変更に関する開示として提供されるものである。

なお，直前の比較対象期間より前の比較対象期間については，上記調整表の開示は認められるが，要求はされていない（IFRS第18号C6項）。

以下に**図表9－4**として，このような調整表の一例を示す。なお，科目や数値はあくまでも簡便的なものである。

第9章　IFRS第18号の他のIFRS会計基準への影響　257

図表9-4　適用初年度の要約P/Lの調整表の例

(要約P/L)	20X2年第1四半期	20X1年第1四半期	
売上高	1,600	1,500	
売上原価	(750)	(700)	
売上総利益	**850**	**800**	
販売費	(250)	(200)	営業区分
一般管理費	(150)	(150)	
減損損失	(70)	(110)	
為替差損益	(10)	20	
営業利益	**370**	**360**	必須の小計
持分法による投資損益	220	200	
受取利息	90	100	投資区分
為替差損益	(10)	10	
財務および法人所得税前純利益	**670**	**670**	必須の小計
支払利息	(240)	(250)	財務区分
為替差損益	10	(20)	
法人所得税前純利益	**440**	**400**	任意の小計
法人所得税費用	(110)	(100)	法人所得税区分
四半期純利益	**330**	**300**	必須の小計

(調整表)

IAS第1号に基づく要約P/L	20X1年第1四半期	組替先	金額	IFRS第18号に基づく要約P/L	20X1年第1四半期
売上高	1,500	売上高	1,500	売上高	1,500
売上原価	(700)	売上原価	(700)	売上原価	(700)
売上総利益	**800**			**売上総利益**	**800**
販売費	(200)	販売費	(200)	販売費	(200)
一般管理費	(150)	一般管理費	(150)	一般管理費	(150)
減損損失	(110)	減損損失	(110)	減損損失	(110)
持分法による投資損益	200	持分法による投資損益	200	為替差損益	20
営業利益	**540**			**営業利益**	**360**
金融収益	110	受取利息	100	持分法による投資損益	200
		為替差損益（営業区分）	20	受取利息	100
		為替差損益（投資区分）	10	為替差損益	10
		為替差損益（財務区分）	(20)	**財務および法人所得税前純利益**	**670**
金融費用	(250)	支払利息	(250)	支払利息	(250)
法人所得税前純利益	**400**			為替差損益	(20)
法人所得税費用	(100)	法人所得税費用	(100)	**法人所得税前純利益**	**400**
四半期純利益	**300**			法人所得税費用	(100)
				四半期純利益	**300**

(4) その他のIFRS会計基準への影響

　IFRS第18号の公表に伴い，整合性を図るために広くIFRS会計基準の修正が行われている。その内容は大部分が形式的なものであり，例えば以下のような修正を含む。

- 「国際財務報告基準」，「IFRS」，「IFRSs」および「IFRS基準」の記載を「IFRS会計基準」に統一
- IFRS第18号を含む，他のIFRS会計基準への参照の修正や脚注の追加
- IAS第8号の基準名変更の反映
- 経過措置および発効日の追加

(5) まとめ

　本章では，IFRS第18号の公表により，他のIFRS会計基準にどのような影響があるかについて解説した。
　まず本章（1）では，IAS第1号の要求事項がどのようにIAS第8号に移管されたかについて解説した。移管された内容は，適正な表示およびIFRS会計基準への準拠，継続企業，発生主義会計，会計方針の開示，見積りの不確実性の発生要因に関する要求事項であり，さらに，これらの移管を受けてIAS第8号の表題が「財務諸表の作成基礎」に変更されている。
　次に本章（2）では，基本的EPS，希薄化後EPSの分子と異なる業績指標に基づく追加的なEPSを開示できることや，その開示を行う場合の計算方法，表示の要求事項について解説した。
　さらに本章（3）では，期中財務報告に例外的に適用されるIFRS第18号の要求事項（集約および分解の原則，相殺，MPM），およびIFRS第18号の適用初年度におけるIAS第34号の適用上の留意事項について解説した。特にIFRS第18号の適用初年度においては，IAS第1号に基づく直近の年次財務諸表の見

出しと小計がIFRS第18号に基づく場合と同じとは限らないため，IFRS第18号で要求される見出しと小計を表示することや，比較対象期間にかかるP/Lの調整表の開示が必要となる点について，注意が必要である。

最後に，本章（4）ではIAS第8号，IAS第33号，IAS第34号以外のIFRS会計基準の修正内容について，その概要を解説した。

《執筆者一覧》
〈代表執筆者〉
藤原　由紀

〈執筆者〉
石原　宏司
岡田　成章
川口　桂子
神宮寺　真弓
西田　享広
幅田　卓
梅田　昌利
工藤　美保子
野木　詳泰
野﨑　透子

【著者紹介】

有限責任監査法人トーマツ

　有限責任監査法人トーマツは，デロイト トーマツ グループの主要法人として，監査・保証業務，リスクアドバイザリーを提供しています。日本で最大級の監査法人であり，国内約30の都市に約3,000名の公認会計士を含む約8,100名の専門家を擁し，大規模多国籍企業や主要な日本企業をクライアントとしています。

　デロイト トーマツ グループは，日本におけるデロイト アジア パシフィック リミテッドおよびデロイトネットワークのメンバーであるデロイト トーマツ合同会社ならびにそのグループ法人（有限責任監査法人トーマツ，デロイト トーマツ リスクアドバイザリー合同会社，デロイト トーマツ コンサルティング合同会社，デロイト トーマツ ファイナンシャルアドバイザリー合同会社，デロイト トーマツ税理士法人，DT弁護士法人およびデロイト トーマツ グループ合同会社を含む）の総称です。デロイト トーマツ グループは，日本で最大級のプロフェッショナルグループのひとつであり，各法人がそれぞれの適用法令に従い，監査・保証業務，リスクアドバイザリー，コンサルティング，ファイナンシャルアドバイザリー，税務，法務等を提供しています。また，国内約30都市に約2万人の専門家を擁し，多国籍企業や主要な日本企業をクライアントとしています。詳細はデロイト トーマツ グループWebサイト（www.deloitte.com/jp）をご覧ください。

　Deloitte（デロイト）とは，デロイト トウシュ トーマツ リミテッド（"DTTL"），そのグローバルネットワーク組織を構成するメンバーファームおよびそれらの関係法人（総称して"デロイトネットワーク"）のひとつまたは複数を指します。DTTL（または"DeloitteGlobal"）ならびに各メンバーファームおよび関係法人はそれぞれ法的に独立した別個の組織体であり，第三者に関して相互に義務を課しまたは拘束させることはありません。DTTLおよびDTTLの各メンバーファームならびに関係法人は，自らの作為および不作為についてのみ責任を負い，互いに他のファームまたは関係法人の作為および不作為について責任を負うものではありません。DTTLはクライアントへのサービス提供を行いません。詳細はwww.deloitte.com/jp/aboutをご覧ください。

　デロイト アジア パシフィック リミテッドはDTTLのメンバーファームであり，保証有限責任会社です。デロイト アジア パシフィック リミテッドのメンバーおよびそれらの関係法人は，それぞれ法的に独立した別個の組織体であり，アジア パシフィックにおける100を超える都市（オークランド，バンコク，北京，ベンガルール，ハノイ，香港，ジャカルタ，クアラルンプール，マニラ，メルボルン，ムンバイ，ニューデリー，大阪，ソウル，上海，シンガポール，シドニー，台北，東京を含む）にてサービスを提供しています。

　本書は読者の皆様への情報提供として一般的な情報を掲載するのみであり，デロイト トウシュ トーマツ リミテッド（"DTTL"），そのグローバルネットワーク組織を構成するメンバーファームおよびそれらの関係法人が本書をもって専門的な助言やサービスを提供するものではありません。皆様の財務または事業に影響を与えるような意思決定または行動をされる前に，適切な専門家にご相談ください。本書における情報の正確性や完全性に関して，いかなる表明，保証または確約（明示・黙示を問いません）をするものではありません。またDTTL，そのメンバーファーム，関係法人，社員・職員または代理人のいずれも，本資料に依拠した人に関して直接または間接に発生したいかなる損失および損害に対して責任を負いません。DTTLならびに各メンバーファームおよび関係法人はそれぞれ法的に独立した別個の組織体です。

IFRS財務諸表の表示・開示実務

2025年2月15日　第1版第1刷発行

著　者	有限責任監査法人トーマツ	
発行者	山　本　　　継	
発行所	㈱中　央　経　済　社	
発売元	㈱中央経済グループ パブリッシング	

〒101-0051　東京都千代田区神田神保町1-35
電話　03（3293）3371（編集代表）
　　　03（3293）3381（営業代表）
https://www.chuokeizai.co.jp

© 2025 For information, contact Deloitte Touche Tohmatsu LLC.
Printed in Japan

印刷／三英グラフィック・アーツ㈱
製本／㈲井　上　製　本　所

＊頁の「欠落」や「順序違い」などがありましたらお取り替えいたしますので発売元までご送付ください。（送料小社負担）

ISBN978-4-502-52621-3　C3034

JCOPY〈出版者著作権管理機構委託出版物〉本書を無断で複写複製（コピー）することは，著作権法上の例外を除き，禁じられています。本書をコピーされる場合は事前に出版者著作権管理機構（JCOPY）の許諾を受けてください。
　JCOPY〈https://www.jcopy.or.jp　eメール：info@jcopy.or.jp〉

2024年1月1日現在の基準・解釈指針を収める
IFRS財団公認日本語版！

IFRS®会計基準
2024〈注釈付き〉

IFRS財団 編　企業会計基準委員会
　　　　　　　公益財団法人 財務会計基準機構　監訳

中央経済社刊 定価24,200円（分売はしておりません）B5判・5024頁
ISBN978-4-502-50831-8

IFRS適用に必備の書！

●**唯一の公式日本語訳・最新版** 本書はIFRS会計基準の基準書全文を収録した唯一の公式日本語訳です。最新の基準書はもちろん、豊富な注釈（基準書間の相互参照やIFRS解釈指針委員会のアジェンダ決定）がIFRS会計基準の導入準備や学習に役立ちます。

●**使いやすい3分冊** 原書同様に、日本語版もPART A・PART B・PART Cの3分冊です。「要求事項」、「概念フレームワーク」をPART Aに、「付属ガイダンス」、「実務記述書」をPART Bに、「結論の根拠」、「定款」などをPART Cに収録しています。

●**2024年版の変更点** 「サプライヤー・ファイナンス契約」（IAS第7号・IFRS第7号）、「国際的な税制改革―第2の柱モデルルール」（IAS第12号）、「交換可能性の欠如」（IAS第21号）といった基準書等の修正が盛り込まれているほか、「IFRS第16号『リース』―リースの定義―入替えの権利」などのアジェンダ決定も収録しています。

中央経済社
東京・神田神保町1-35
電話 03-3293-3381
FAX 03-3291-4437
https://www.chuokeizai.co.jp

収録内容

PART A収録
基準書本文
（基準・適用指針）
財務報告に関する
概念フレームワーク

PART B収録
適用ガイダンス・設例
IFRS実務記述書

PART C収録
結論の根拠・定款　など

IFRS会計基準の参照にあたっては、つねに最新の日本語版をご覧ください。

▶価格は税込です。掲載書籍はビジネス専門書Online https://www.biz-book.jp からもお求めいただけます。